프랑스 뒷골목 엿보기

■ 홍하상의 지구촌 문화기행 01
프랑스 뒷골목 엿보기

초판 1쇄 발행 2005년 11월 5일   초판 6쇄 발행 2011년 12월 12일

지은이 홍하상   펴낸이 김태영

출판 1분사 분사장 최혜진
디자인 차기윤
제작 이재승

펴낸곳 (주)위즈덤하우스   출판등록 2000년 5월 23일 제13-1071호
주소 (410-380)경기도 고양시 일산동구 장항동 846번지 센트럴프라자 6층
전자우편 yedam1@wisdomhouse.co.kr   홈페이지 www.yedamco.co.kr
출력 엔터   종이 화인페이퍼   인쇄 제본 (주)현문

값 10,000원
ⓒ 홍하상, 2005 ISBN 89-5913-126-1   03810

* 잘못된 책은 바꿔드립니다.
* 본서의 내용과 편집 체재의 무단 전재 및 복제를 금합니다.

프랑스 뒷골목 엿보기

홍하상 지음

■ 홍하상의 지구촌 문화기행 01

예담

Contents

개정판을 내면서 　　　　　　　　　　　008
프롤로그_파리로 떠나기 전에 　　　　　011

첫 번째 골목_ 자유와 낭만의 도시 파리

항공권이라는 마술 　　　　　　　　　019
샤를 드골 공항 　　　　　　　　　　022
나폴레옹의 묘, 앵발리드 　　　　　　024
숙소 정하기 　　　　　　　　　　　029
오우! 샹젤리제 　　　　　　　　　　034
레스토랑에서 망신당하다 　　　　　　039
파리의 밤은 마피아가 잡고 있다 　　　042
바가지 수법 하나, 런던의 소호 거리 　049
바가지 수법 둘, 파리의 피아노 바 　　053
바가지 수법 셋, 한여름의 로마 　　　055
바가지 수법 넷, 함부르크 　　　　　　058
여행 가서 바가지 안 쓰는 방법 　　　060
감동 또 감동, 리도 쇼 　　　　　　　062
　콩트레스카르프 광장 　　　　　　　066
　타박의 재미 　　　　　　　　　　070
　프랑스에서의 식사 해결 　　　　　072
　생 미셸의 달팽이 요리 　　　　　　078

카페 오 되 마고와 카페 드 플로르 … 082
파리 외방 전교회에서 … 087
앙투안 공베르 신부의 행적을 찾아 … 091
몽마르트르 언덕에서의 시가 한 대 … 098
세계 최대, 최고 루브르 박물관 … 108
시실리 피자와 거지 부부 … 112
아랍인 식당에서 … 115
『미슐랭 가이드』와 라 투루다르장 … 120
단란주점 라 파리지엔느 … 126
외인부대 출신들과의 만남 … 130
파리의 여자들 … 133
잘못 탄 열차가 아름답다 … 137

두 번째 골목 지중해 연안 프로방스에서 알프스까지

마르세유 행 침대열차 … 149
아비뇽의 새벽길 … 156
오랑주에서 … 160
2천 년 전 고대 극장의 객석에 앉아 … 163
아랍인 할아버지 … 166
외인부대원 김 병장 … 171

Contents

마르세유 구항구의 아랍인 거리	177
선술집 라 코르사유	179
밤의 꽃들	181
푸이로비에 은퇴촌	187
외인부대원 공동묘지	194
카시스의 생선 매운탕, 부야베스	196
유럽 사람들의 여름휴가지, 샤모니 몽블랑	200
난도 폴리니가 사는 법	202
이탈리아 마을, 쿠르마요	205
아스라한 지중해 풍경	209
아름다운 베르네의 고향, 그린델발트	213
스위스 산골로 산골로	218
그랑 드 카퓌신의 샤토브리앙	221

세 번째 골목_ 포도주의 고장 보르도에서 대서양 연안까지

포도주 고장으로 가는 길	227
백포도주의 고장, 상세르	230
앙리 부르주아의 포도 농장	234
시골 농가에서의 점심	239
포도주의 메카, 보르도	241
호데즈 가는 길	253
캄블라제 마을	256
앙투안 공베르 신부의 생가	258
가정집에 초대를 받아	262
영화 「남과 여」의 무대, 도빌	267
에필로그_도버 해협을 건너며	270

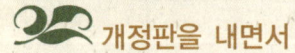 **개정판을 내면서**

지금도 프랑스를 생각하면 가슴이 설렌다. 파리의 늦가을은 참 아름다웠다.

센 강변의 은행나무는 창백하게 그 이파리를 날렸지만, 강변의 포석을 걷노라면 나도 어느새 파리지엔이 된 것 같았다. 젊은 날의 헤밍웨이가 배가 고파 비둘기를 잡아먹었다는 뤽상부르 공원은 그의 허기만큼이나 눈부셨다.

때때로 들른 타박에서 마시는 포도주 한 잔, 그리고 말도 안 통하는 프랑스 노인들과의 대화는 눈빛만으로도 쏠쏠한 재미가 있다. 예술을 사랑해서인지 왠지 여유가 있었던 노인들, 어지간히 계산을 못해 번번이 거스름돈을 틀리게 주면서 멋쩍게 웃던 우표 가게 주인의 미소를 파리에 두고 왔다.

몽마르트르 언덕으로 오르는 기념품 가게와 눈부신 백색의 사크레 쾨르 성당, 그곳으로 오르는 계단에 앉아 황홀한 표정으로 파리 시가를 굽어보던 세계 각국의 여행객들.

사르트르가 단골로 다녔던 카페 드 플로르에서 작은 잔에 담긴 검은 우주,

에스프레소 커피를 마시며 마치 내가 사르트르라도 된 양 심각한 표정도 지어보았다.

모두가 지난 추억인가. 샹젤리제 노천카페에서 지나가는 파리지엔의 늘씬한 각선미를 보았던 것이 이미 지난 추억인가.

아니다.

단 한번만이라도 파리에 다녀온 사람이라면 그곳의 가을 하늘과 그곳의 추억, 그곳의 우수를 평생 가슴에 담고 산다.

인생이 때로 슬픔이고, 인생이 때로 아픔이라 할지라도 파리가 가슴속에 있는 한 그것은 축제다. 가슴속에 힘들고 괴로울 때 파리의 추억을 한 조각 뜯어먹으면 왠지 다시 희망이 솟는다. 왠지 다시 앞으로의 인생은 즐거울 것만 같다. 어차피 시간에, 자기 자신의 삶에 배반당하면서 살지만 파리가 가슴 속에 살아 있는 한 우리는 포기하지 않는다.

파리가 나를 기다리고 있을 테니.

5년 전 설레는 마음으로 내 이름 석 자를 걸고 내놓았던 『프랑스 뒷골목 엿보기』를 가을빛이 완연한 2005년 11월에 새 옷을 입혔다.

그러나 바뀐 내용은 별로 없다. 왜냐하면 파리는 달라지지 않기 때문이다. 300년 묵은 대리석 건물들이 예전에도 지금에도 그대로 있듯이, 개선문이 그대로 있듯이 파리는 쉽게 달라지지 않는다. 100년 전에 마셨던 포도주나 지금이나 크게 달라지지 않는다.

파리에 가봤거나 가보지 못한 분들이라도 이 책을 통해 다시 한 번 프랑스에서의 찬란한 추억을 함께 나누고 싶다.

봉 보야즈!

프롤로그 _ 파리로 떠나기 전에

낭만과 예술이 넘치고, 세상에서 가장 아름다운 곳 파리. 노천카페에 앉아 사람들의 패션을 구경하는 것만으로도 파리는 즐겁다.

세계 패션의 1번지 샹젤리제, 위풍당당한 개선문, 여행자의 필수 코스 에펠탑, 거리의 화가들이 초상화를 그려주는 몽마르트르 언덕, 연인과 함께 거닐고 싶은 센 강변, 그 강을 오르내리는 유람선 바토무슈, 다이애나 영국 왕세자비가 죽은 14구의 터널, 『노트르담의 곱추』의 무대 노트르담 사원, 영화 「퐁네프의 연인들」의 배경으로 유명해진 퐁네프, 프랑스의 천재들이 모인 소르본 대학, 프랑스의 대학로 생 미셸, 프랑스가 낳은 대표적인 석학 사르트르의 단골이었던 카페 드 플로르, 레마르크의 소설 『개선문』의 주인공 라비크가 칼바도스를 마시러 다니던 레스토랑 푸케에, 이름깨나 알려진 예술가들이 고이 잠들어 있는 몽파르나스 묘지, 1년에 몇 차례밖에 공연을 하지 않지만 3년 전부터 미리 대관 신청을 받아야 하는 오페라 극장, 모나리자가 걸려 있는 루브르 박물관, 세계를 제패하려 했던 나폴레옹의 묘 앵발리드, 캉캉 춤으로 유명한 리도 쇼, 화가 로트레크가 매일 밤 술을 마시며 그림 그리기 위해 갔던 물랭 루주 쇼, 바가지 술집과 요염한 미희들이 많은 피갈 거리, 밤의 여인들의 아지트 생 드니 거리, 무명의 헤밍웨이가 비둘기를 잡아먹었던 뤽상부르 정원, 세계 최고의 카페 맥심, 우리나라 최초의 유학생 홍종우가 사서로 일했던 기메 박물관.

아아, 가고 싶은 곳, 보고 싶은 곳 그리고 먹고 싶은 것도 너무 많다. 먹을거리와 볼거리가 철철 넘치는 나라 프랑스. 자, 그곳으로 떠나보자!

아! 그 전에 준비할 것이 있다. 흔히 고추장, 김치 같은 음식을 생각하는데 이는 반드시 준비해야 하는 것은 아니다. 고추장은 비행기에서 치약 튜브 같은 것에 담긴 것을 하나씩 주는데 그때 챙기면 된다. 김치는 사람마다 다르겠지만 나는 한번도 가지고 간 적이 없다. 외국에 갔으면 그 나라 음식을 먹어야지 굳이 김치를 먹을 필요가 없다고 생각하기 때문이다.

파리에 한국 사람들과 몇 번 가봤는데 현지 음식을 못 먹는 사람들이 의외로 많았다. 그런 사람은 김치 한 봉지 정도는 꼭 갖고 가는 것이 좋다. 파리 여행을 일본이나 중국 여행할 때처럼 생각해서는 안 된다. 일본이나 중국 음식은 그나마 한국 사람의 입맛에 맞으며 밥을 주식으로 먹기 때문에 '입 홈시크homesick'를 겪을 위험이 별로 없다.

그러나 일본 음식조차도 입에 맞지 않는 사람도 있는데 그런 사람이 구린내 나는 치즈가 판치는 유럽에 가면 멀미를 할 가능성이 크다.

 나는 지금까지 수없이 해외여행을 다녔지만 음식 때문에 고생한 적은 거의 없었다. 몸이 아주 힘들 때는 김치찌개가 생각나기도 하지만 대체로 참을 만했다. 여행을 하다가 김치가 먹고 싶어 도저히 못 견디겠다면 한국 식당에 가면 된다. 파리에도 한국 식당이 많고, 남프랑스의 작은 도시 툴루즈에도 한국 식당은 있으니 걱정할 필요 없다. 단, 외국에서 가장 비싼 식당이 한국 식당이라는 것을 명심해야 한다. 이는 런던, 파리, 홍콩, 북경, 동경 등도 마찬가지이다.

 그러면 프랑스 여행을 갈 때 꼭 가져가야 할 것을 최종적으로 점검해 보자.

 가장 먼저 챙겨야 할 것은 바로 '라면'이다. 외국에서 일하는 우리나라 해외 주재원들이 가장 먹고 싶어 하는 음식은 고추장도 김치도 아닌 라면이다. 라면 한 봉지 끓여서 소주 한 잔을 착 걸치면 한국 음식에 대한 향수는 거의 해소가 된다. 내가 아는 어떤 사람은 몽 생 미셸의 해변에 앉아 황혼 지는 고성을 바라보며 라면을 안주로 소주를 마셨는데, 그 맛을 한동안 잊지 못했다고 한다.

 두 번째로 챙겨야 할 음식은 '소주'이다. 소주를 잘 마시지 않는 여자 여행객들은 상관없지만 남자 여행객들에게는 팩소주 두 개쯤 챙겨 가라고 하고 싶다. 물론 파리에도 소주가 있다. 문제는 가격이다. 슈퍼마켓에서 파는 소주 한 병은 9천 원이고, 파리의 한국 식당에서 소주 한 병을 마시려면 2만 원을 내야 한다.

  작년 10월, 파리에 함께 간 후배가 '입 홈시크' 때문에 고생하기에 오페라 거리에 있는 국일관 식당에서 소주 한 병을 마신 적이 있다. 2만 원짜리 소주를 마시려니 그 속이 얼마나 쓰리던지. 안 그래도 경비가 많이 드는 해외여행에 한푼이라도 절약하고 '입 홈시크'를 해결하려면 팩소주 두 개쯤 꼭 챙겨 가기 바란다.

  그리고 마지막으로 파리뿐만 아니라 해외에 나갈 때 한국을 알릴 수 있는 '기념품'을 챙겨 가는 것이 좋다. 공항에 가면 새끼손가락만한 미니어처 색동고무신을 판다. 그것을 2~3개쯤 챙겨 가서 신세를 많이 진 사람에게 선물해 보아라. 그들은 그 선물을 아주 좋아할 것이다. 영국에 갔을 때 런던의 조그마한 호텔 주인 아주머니에게 미니어처 색동고무신을 선물했더니 그 아주머니는 그것을 옷고름에 달았다가 허리에 달았다가 하면서 어찌나 좋아하던지. 아주머니의 기뻐하는 모습을 보면서 나는 코끝이 시큰했다.

  여행 가는 사람들이 꼭 챙기는 것 중의 하나가 속옷과 세면도구인데 나는 프랑스를 여행할 때는 속옷을 가져가지 않는다. 필요할 때마다 현지 슈퍼마켓에서 한두 개씩 사 입는다. 속옷은 어느 나라 것이나 다 똑같을 것 같지만 사실은 나라마다 다 다르다. 면의 감촉이나 고무줄의 신축성이 다르다. 특히 프랑스에서 파는 속옷에는 단추가 달려 있다. 한국에 돌아와서도 가끔 그 속옷을 입는데 그때마다 파리 생각이 절로 나면서 그때의 추억이 아름답게 떠오른다.

　여자 여행객을 위한 정보 한 가지. 챙길까말까 고민하는 것 중 하나가 바로 비누인데 프랑스를 갈 때는 갖고 가지 않는 편이 낫다. 비누 하면 프랑스이기 때문이다. 프랑스 비누는 향기가 아주 좋고 피부에도 좋다. 또 가격도 한국보다 더 싸다. 프랑스에서는 향수와 옷값도 싸다. 프랑스 향수가 세계 제일이라는 것은 누구나 다 아는 사실이다. 우리나라에서도 프랑스 향수를 많이 사용하고 있으니 향수 한 병 정도는 기념으로 사는 것도 좋다.

　이 정도로 파리 여행에 필요한 준비물을 챙겼으면 이제 직접 발품을 팔아보자. 여행을 시작하기도 전에 너무 많은 것을 알면 신선함이 없으니까 궁금증은 잠시 접어두고 프랑스로 떠나보자!

첫 번째 골목 | 자유와 낭만의 도시 **파리**

항공권이라는 마술

파리행 비행기 요금은 고무줄처럼 마음대로 줄었다 늘었다 한다. 제일 싼 비행기 표는 서울-파리 왕복 60만 원대. 그러나 이 비행기 표는 한여름에는 구할 수 없다. 한여름에는 정상 요금을 다 주어도 비행기 표를 구하기 어렵다. 몇 년 전에 7월 중순에 파리에 갈 일이 있었는데 표가 없어 여행사 패키지에 끼여 간 적도 있다.

60만 원대의 비행기 표는 비수기인 초봄이나 늦가을에나 구할 수 있다. 이 비행기 표는 서울에서 홍콩으로 가서 4시간 정도 대기한 후 다시 파리로 가는 캐세이퍼시픽 에어라인의 것이다.

대한항공 비행기 표도 있는데 세계 어느 나라나 자국기 항공 요금이 제일 비싸다. 비수기에 여행사를 통해 대한항공 비행기 표를 구입하면 왕복 74만 원이다.

서울-파리 왕복 표의 정상 요금은 120만 원인데 이 표는 거의 파리에 출장가는 사람만 이용한다. 여행을 가려는 사람이라면 여행사에서 60만

원에도 살 수 있기 때문에 120만 원짜리 표를 살 일은 절대 없다.

여행사에서 표를 구입하면 항공사에서 직접 사는 것보다 싼데, 그 이유는 무엇일까? 여행사들은 표를 입도선매立稻先賣, 즉 미리 돈을 주고 왕창 사놓기 때문이다. 주로 성수기인 한여름철, 7월 25일부터 8월 10일 전후까지만 비행기가 만석이고, 나머지 기간에는 좌석이 남기 때문에 조금 싼 가격에 남은 표를 팔아버리는 것이 항공사 입장에서도 유리하다. 대부분의 여행사는 항공사와 연계해서 이런 식으로 영업을 하고 있다.

여행사에서는 정액보다 할인된 가격으로 비행기 표를 구입한 후 패키지 여행 상품으로 만들거나 팔다 남은 것은 운임만 받고 판다. 이런 표를 제일 싸게 사면 74만 원까지 할인을 받을 수 있다.

자, 이제 비행기 표를 어떻게 구입할 것인지 결정하자. 할인 항공권을 산다고 해서 비행기 안에서 밥을 주지 않는 것도 아니고 서비스가 떨어지는 것도 아니다. 운이 좋지 않으면 화장실 옆에 앉을 수도 있지만 냄새가 나는 것도 아니다. 그러므로 시간 여유가 있고 여행 경비를 절약하려면 홍콩을 경유하는 캐세이퍼시픽 에어라인을 타라고 권유하고 싶다. 또 런던에서 4시간 정도 대기한 후 파리로 들어가는 비행기도 있다. 이 경우에도 표값이 조금 싸다.

비행기 요금은 여행사에 표가 얼마나 남았는지에 따라 달라진다. 그러나 항공사를 통해 직접 구입하는 것보다 여행사에서 구입하는 것이 저렴하다는 사실은 확실하다.

어떤 사람은 할인 항공권을 구입하고 공항에 늦게 가면 좌석이 없어진다고 미리 좌석표를 교환하라고 하는데, 좌석이 없어지는 일은 일어나지 않으므로 걱정할 필요 없다. 가격에 상관없이 비행기 표를 사면 날짜와 시간이 지정되어 항공사 컴퓨터에 즉시 입력되기 때문에 좌석이 중복되는 경우는 절대 일어나지 않는다. 그러므로 출발 당일에 공항에 가서 좌석표로 바꾸어도 상관없다.

  항공권은 여행사 몇 군데에 전화해 본 뒤 가장 저렴한 표로 구입하고, 시간 여유가 있는 사람이라면 홍콩을 경유하는 표를 구입하면 여행 경비를 절약할 수 있다. 그러나 여름 성수기(7월 15일부터 8월 10일까지)에 비행기 표를 싸게 사는 것은 거의 불가능하다는 사실을 반드시 기억해야 한다. 이때 얼마나 많은 한국 사람이 파리에 가는지, 개선문 앞 거리에는 한국 사람 말소리밖에 안 들린다.

  자, 비행기 표 구입했으면 이제 파리로 떠나자.

샤를 드골 공항

서울을 떠난 지 11시간 만에 프랑스의 첫 관문 '샤를 드골 공항Aéroport Charles de Gaulle'에 도착했다.

예전에는 프랑스로 가려면 시베리아 상공을 통과해야 했기 때문에 14시간이 넘게 걸렸고, 그전에는 무려 20시간이 걸렸다. 요즘 대한항공은 중국 상공을 통과해 비행시간이 훨씬 줄어들었다. 그러나 날씨 좋은 봄철 시베리아 상공에서 내려다보던 툰드라를 볼 수 없다는 것이 조금 유감이다.

하지만 에어 프랑스는 여전히 시베리아 상공을 통과하기 때문에 맑은 날에는 시베리아의 광활한 대지를 볼 수 있다. 끝없이 펼쳐진 우랄 산맥과 눈 덮인 시베리아를 보며 자연이 얼마나 위대한지 느낄 수 있다.

자, 그렇게 자며 깨며 도착한 샤를 드골 공항. 이곳은 전 세계 공항 중 가장 통과하기 쉬운 곳이다. 세관에서는 여권을 보는 둥 마는 둥 하고 그 흔한 스탬프조차 찍어주지 않는다. 세계적인 국제공항인데도 놀랍도록 무심하다. 그렇다고 해서 프랑스가 여행객에게 무심하기만 한 나라라고 생각해서는 안 된다. 프랑스처럼 무서운 나라가 또 있을까? 외국 여행객을 쉽게 통과시키고 '오우, 귀여운 것들. 예술과 낭만으로 가득 찬 우리나라에 놀러왔다고? 그래, 잘 왔다. 돈이나 실컷 쓰고 가라. 파리 시내에 면세점도 널렸으니 제발 좀 펑펑 쓰고 가라'라며 속으로 웃고 있을 것이다.

이제 어디로 갈까? 첫 번째 목적지는 숙소의 방향과 도착시간에 따라 달라진다. 파리에 도착하는 시간은 아침 8시와 오후 5시 두 경우가 있다. 이 중에 아침 8시에 떨어진 경우를 가정해 보자.

호텔은 적어도 12시~1시가 되어야 예약 손님을 받기 때문에 호텔에는 갈 수 없다. 시차 적응도 안 되고, 몸도 피곤하고, 잠은 쏟아진다. 몸은 휴식을 간절히 원하지만 하나라도 더 봐야겠다는 생각에 잠자고 싶은 마음은 없다.

그렇다면 공항 앞에 나가서 버스를 타라. 버스를 자세히 보면 '에투알 광장Place Charles de Gaulle-Etoile'이라고 씌어진 것이 있을 것이다. 에투알은 유명한 개선문이 있는 광장이다. 그 버스는 유명한 호텔을 경유해서 시내까지 데려다준다.

개선문이 있는 에투알 광장. 여기야말로 파리의 심장이다. 그곳에 뻗어 있는 열두 개의 방사선 도로는 모두 파리 시내로 통해 있다. 지하철을 타도 파리 시내 어디든지 갈 수 있다. 그러므로 시작을 어디부터 해야 할지 판단이 서지 않을 경우에는 일단 에투알로 가도록 하자.

파리 시내 여행을 마치고 샤를 드골 공항으로 다시 갈 때는 오페라 극장 옆에 서 있는 공항행 버스를 이용해라.

나폴레옹의 묘, 앵발리드

에투알 광장에서 아침의 개선문을 구경하고도 호텔 예약 시간이 안 되었다면 근처 앵발리드Hôtel des Invalides로 가 보자.

앵발리드는 원래 군사박물관이었는데 지금은 나폴레옹의 무덤이 있는 곳이다. 황제의 무덤이라면 우리나라 왕릉처럼 규모가 클 것이라고 생각하는데 그렇지 않다. 이곳은 밖에서 보면 관공서나 성당 건물처럼 첨탑과 원형의 돔 지붕이 있는 중세풍의 건물처럼 보인다. 그러나 안으로 들어가 보면 일종의 신전임을 알 수 있다.

앵발리드는 루이 14세의 전용 교회이자 왕족들의 묘지로 지어졌다. 그러나 세인트 헬레나 섬에서 죽은 나폴레옹을 이 교회로 이장한 후에는 그의 명복을 빌기 위해 지어진 것처럼 되어버렸다. 대리석 바닥이 찬란한 이 대신전 안에 나폴레옹이 누워 있는 것이다. 그런데 시신이 있는 관棺이 화강암 받침대에 올려져 있기 때문에 나폴레옹은 좀 추울 것 같다. 아마 이

앵발리드에 뉘어져 있는 프랑스의 영웅 나폴레옹. 왕후 조세핀과 대리석 바닥에 나란히 누워 있다.

   세상에 이처럼 큰 관에 누워 있는 사람은 나폴레옹밖에 없을 것이다. 프랑스의 영웅이어서인지 관마저도 영웅 대접을 해준 것 같다. 또 큰 관에 누워 있는 사람이 있다. 바로 나폴레옹의 부인 조세핀 황후이다. 조세핀의 관 크기 또한 남편의 것과 쌍벽을 이룬다. 관 두 개를 보고난 후 지하의 대리석 복도를 거닐다보니 '18~9세기의 프랑스 사람들은 보통 잘 나갔던 것이 아니구나'라는 생각이 들었다.

   대신전을 다 구경했으면 그 옆에 있는 군사박물관에 들어가보자. 입장료는 신전 관람료에 포함되어 있으므로 군사박물관까지 구경해야 본전 생각이 나지 않을 것이다.

군사박물관 내부는 그야말로 무기 진열 창고이다. 중세 시대 무사들이 입었던 쇠갑옷부터 도끼, 칼, 구식 소총, 장총, 대포까지 끝도 없이 늘어서 있다. 아픈 다리를 두드리며 진열된 무기를 보고 있자니 1800년대 프랑스의 국력과 군사력이 정말로 대단했다는 생각이 든다. 이들은 강력한 국력을 바탕으로 1800년대 북아프리카에 수많은 식민지를 개척했고, 아시아로 진출하여 베트남을 식민지화했으며 일본과 우리나라까지 넘보았다. 국사책에 나오는 병인양요가 바로 프랑스인들에 의해 벌어진 사건이다.

고종 3년(1866년)에 일어난 병인양요는 프랑스가 베트남에서 중국을 지나 조선땅까지 침략하기 위해 해군을 보내 강화도를 침범한 사건이다. 이때 이들은 강화도 사고史庫를 털었는데 그때 가져간 고문서를 아직까지 프랑스에서 보관하고 있다. 김영삼 대통령 시절 미테랑 대통령이 병인양요 때 약탈해 간 규장각 도서를 반환하겠다고 약속했으나 아직까지 돌려주지 않고 있다.

양국 대통령의 약속이 물거품이 된 이유가 놀랍다. 미테랑 대통령은 고문서를 한국에 돌려주려고 했지만 그것을 보관하고 있는 담당 사서가 돌려줄 수 없다고 했던 것이다. 그녀는 그 고문서가 1800년대 조선을 연구하는 데 필요하다고 생각했기 때문에 반환 요청을 거부했다고 한다. 우리나라에서는 상상조차 힘든 일이 프랑스에서는 통한다는 사실이 놀랍기만 하다. 일개 사서가 못 돌려주겠다고 하자 대통령도 어쩔 수 없었다는 사실은 놀라움을 넘어서 신기하기까지 한 일이었다.

군사박물관까지 발품을 팔고 나니 배가 고프다. 군사박물관 안에 작은 레스토랑이 하나 있다. 햄버거나 빵 그리고 우유와 주스를 파는 곳인데 값은 그다지 비싸지 않다. 그곳에서 빵 한 조각에 오랑주Orange 주스 한 잔으로 요기했다. 밀가루 맛도 한국과 다르고, 주스 맛도 다르다. 빵이나 오렌지 주스는 한국에서 먹는 것보다 신선하고 진한 데 비해 우유는 마치 물을 탄 것처럼 싱거웠다.

자아, 아침밥을 먹었으면 이제 호텔로 가서 체크인을 할 시간!

Tip
프랑스에 가서 이것만은 꼭 해보자!

첫째, 무엇을 볼 것인지 미리 체크해라. 예를 들어 유럽의 창문, 유럽의 정원 조경, 유럽의 카페 등 관심 분야를 하나 정한 후 그것을 중심으로 메모하고 촬영하자. 여행을 갔다 온 후에 메모한 것과 촬영한 것으로 미니홈피나 블러그를 꾸며보자.

둘째, 한 번 정도는 일류 레스토랑에서 식사를 해보고, 가장 좋은 호텔에서 숙식해 보자. '프랑스 문화는 바로 이것'이라는 것을 실감할 수 있을 것이다.

셋째, 하루에 한 곳씩 이동하면서 여러 도시를 둘러보는 것보다 도시 몇 군데를 정해놓고 한 곳에 최소한 3일 이상 머무르면서 도시 구석구석을 보도록 하자.

넷째, 현지 가정집에 한 번쯤 가보자. 프랑스 사람들은 보수적이어서 자기 집에 초대하는 일은 드물지만 지방 도시에서 홈스테이를 시도해 보자.

다섯째, 시장이나 슈퍼마켓에 꼭 가보자. 프랑스 사람들의 생활을 피부로 느낄 수 있다. 특히 시골 마을에서 일요일 아침마다 열리는 시장을 꼭 가보자. 신선한 감동을 느낄 수 있을 것이다.

여섯째, 열심히 메모하고 엽서를 많이 쓰자. 여행이 끝나고 남는 것은 메모와 사진, 추억뿐이다.

일곱째, 상비약은 사전에 필요한 만큼 준비하자. 선진국에서 약을 사는 것은 매우 어렵다.

마지막으로, 신발은 아주 편하고 질긴 것으로 준비하자. 특히 한여름에 여행할 때 가죽 구두를 신는 것은 쥐약이다.

숙소 정하기

숙소를 어디로 잡을 것인가? 파리에는 5공 시절 중앙정보부장을 지냈던 김형욱이 묵은 리츠칼튼 호텔도 있고, 별 두 개짜리 조촐한 호텔도 있다. 또 한국 사람이 운영하는 별 한 개짜리 낙원 호텔 그리고 숙박료가 가장 저렴한 남대문민박집도 있다. 리츠칼튼 호텔과 남대문민박집은 숙박료가 거의 세 배나 차이 난다.

숙소를 정하지 못했으면 내가 가본 곳을 몇 군데 소개하고자 한다. 숙소를 정하는 데 참고가 될 것이다.

우선, 오페라 거리의 생트안 골목Rue Ste Anne에 있는 몰리에르 호텔 Hôtel Molière이다. 이 호텔은 프랑스인 친구가 꼭 한번 가보라고 추천해 준 곳이다. 객실은 열 개 정도밖에 없는데 별 네 개짜리 호텔이다. 희곡 작가로 유명한 몰리에르(본명은 Jean Baptiste Poquelin)가 살았던 동네에 호텔이 있어 이름을 '몰리에르'라고 붙였다고 한다. 중세풍 건물에 분위기 또한 중세풍으로 유지한 채 운영하고 있다.

숙박료를 내고 키를 받아 엘리베이터를 탔다. 그런데 엘리베이터 문에 거의 내 배가 닿으려고 한다. 이유인즉 300년 전 이 호텔을 지었을 때는 엘리베이터가 아직 발명되지 않아 엘리베이터 위치를 염두에 두지 않았다. 훗날 엘리베이터를 설치하려고 하니 자리가 마땅치 않아 벽난로 굴뚝을 개조하여 만든 결과 엘리베이터 크기가 작을 수밖에 없었다는 것이다.

좁은 엘리베이터를 타고 3층 객실에 가니 왼쪽에는 세면실, 오른쪽에는 목욕탕이 있다. 목욕탕은 엄청 커서 공중목욕탕처럼 보인다. 목욕탕과 세면실을 양쪽에 끼고 조금 들어가니 거실이다. 거실의 크기는 약 10평. 오래된 소파가 두 개 있고, 작은 간이침대 하나와 화장대, 옷장 등이 놓여 있는데 모두 옛날 가구이다. 그 거실에 방문이 두 개가 있다. 하나는 짐과 옷을 보관하는 옷방인데 어찌나 큰지 대형 트렁크 스무 개도 거뜬히 들어갈 정도이다. 그 옆의 문은 침실로 연결되어 있다. 그야말로 호화스러운 침대와 전화기, 텔레비전이 있다. 침실 한쪽 벽에 있는 문을 열어보니 그 안에 작은 침실이 하나 더 있다. 객실이 너무 커서 혼자 자기는 무서울 지경이었다. 이 호텔은 가족호텔이다. 한 가족이 와서 머무르기에는 더없이 좋은 호텔이다. 그러나 값이 너무 비싸다.

두 번째는 호텔 소피텔Hôtel Sofitel. 이 호텔은 콘티넨탈 호텔, 즉 현대식 호텔로, 별 네 개짜리이다. 호텔 소피텔은 파리에 여러 개가 있는데, 숙박료를 내면 아침을 먹을 수 있으며 현대식 식당에 산더미같이 쌓여 있는 오렌지, 파인애플, 사과, 치즈 등도 마음대로 먹을 수 있다. 그러나 이곳도 나그네들에게는 그다지 어울리지 않지만 이곳에서 숙박하고 싶으면 출발

전에 미리 한국의 호텔 예약 전문 여행사에서 예약을 하고 가면 30퍼센트 정도 할인받을 수 있다.

세 번째는 호텔 발리 서프렌Hôtel Balli Suffren. 이 호텔은 앵발리드 근처에 있으며 별 두 개짜리이다. 340년이 된 호텔이며, 객실이 십여 개밖에 안 되는 작은 호텔로, 직원들이 친절하고 가족적인 분위기를 느낄 수 있다. 아침에 프런트로 내려가면 소피 마르소처럼 예쁘게 생긴 여종업원이 방긋 웃으며 식당을 가르쳐주는데, 식당에는 주로 서양 관광객들이 식사를 하고 있다. 프랑스에 온 기분을 만끽할 수 있게 해주는 기분 좋은 호텔이다.

네 번째는 몽트뢰유에 있는 알비옹 호텔Hôtel Albion이다. 이 호텔은 한국 여행사뿐만 아니라 스페인, 독일, 미국 여행사에서 단체 패키지로 많이 이용하는 곳이다. 아침식사는 식당에서 단체로 하면 된다. 토요일이면 이 호텔 앞에서 벼룩시장이 열리는데 눈요깃거리가 된다.

알비옹 호텔은 아랍인 거주 지역에 있어서 치안이 좀 불안한 것이 흠인데 그렇게 걱정할 필요는 없다. 나는 아랍인

알비옹 호텔 앞에서 열리는 벼룩시장

거리에 있는 술집에서 맥주까지 마시면서 아랍인들과 어울리기도 했다. 다만 하루에 한 번 정도는 싸움이 벌어지는 좀 어수선한 곳이기는 하다.

네 번째는 한국인이 운영하는 호텔이다. 바로 낙원 호텔 같은 곳이다. 호텔 안에 한국 식당이 있어서 외국 음식이 입에 맞지 않는 사람이 이용하면 좋다. 그러나 한국 사람이 많기 때문에 외국에 왔다는 기분은 좀 들지 않을 수도 있다.

다섯 번째는 민박집이다. 파리에는 한국 민박집이 굉장히 많다. 내가 하룻밤 머물렀던 곳은 '남대문민박'이었는데, 하루 숙박료에 아침, 저녁 식사까지 포함되어 있다. 살인적인 파리 물가에 비하면 숙박료가 굉장히 싼 편이다. 그리고 라면이 먹고 싶다고 하면 민박집 주인이 라면도 끓여주고, 김치, 쌀밥, 우거지국까지 제공해 준다. 더구나 화가인 이 집주인은 정말 친절하다. 여기에 묵었을 때 나는 이 화가 선생에게 포도주 한 병에 담배 한 갑까지 대접받았다. 이 집을 간 이유는 라면에 소주가 먹고 싶었기 때문이다. 그런데 유감스럽게도 그날 소주가 없어 포도주로 대신한 것이었다. 이곳에 머무르면 오랜만에 집에 돌아온 느낌을 받을 수 있다.

이러한 정보는 어디서 얻을 수 있는가?

파리 시내를 돌아다니니면 한국 식당이 종종 눈에 띈다. 우리말로 간판을 해놓았기 때문이다. 한국 식당에 가면 파리 교민들이 발간하는 『오니바』, 『한소리』 등과 같은 소식지가 있다. 거기에는 순대국집, 떡볶이집, 한국식의 매운 짬뽕 식당, 곱창을 파는 한식당과 우리 교민이 운영하는 호텔, 민박까지 자세한 정보가 실려 있다. 광고지에 나와 있는 전화번호로 연락을

파리 뒷골목에서 흔히 찾아볼 수 있는 한국 식당. 가격이 만만치 않으니 큰 마음 먹고 가야 한다.

해 자세히 알아보고 찾아가면 된다.

이제 잠자리가 해결되었으니 본격적으로 파리 구경을 하러 가자.

오우! 샹젤리제

나는 언제나 파리에 도착한 첫날에는 샹젤리제 거리Avenue des Champs-Élysées에 간다. "오우~ 샹젤리제, 오우~ 샹젤리제~~"라는 노래를 흥얼거리며…….

샹젤리제는 개선문 바로 앞에 있다. 프랑스의 1번지, 파리의 1번지가 바로 샹젤리제이다. 우리나라로 치면 명동이요, 일본으로 치면 동경의 긴자, 북경으로 치면 치엔만前門, 런던으로 치면 피카딜리 서커스 광장이다.

샹젤리제는 밤이 좋다. 여름 저녁 8시쯤이 제일 좋다. 여름에 파리는 밤 10시가 되어야 해가 지기 때문에 8시면 아직 해가 채 지지 않은 시간이다. 어스름이 깔리는 그 거리를 한번 걸어보자. 현란한 쇼윈도에 걸려 있는 남녀 기성복들을 바라보면서 카페마다 가득 찬 파리지엔, 그들이 식사하는 모습을 보면서, 개선문에 장식되어 있는 네온사인을 바라보며 걷는 저녁의 산책. 산책이 끝나면 그 거리의 노천카페에 자리를 잡는다.

카페 푸케에가 있고, 르 파리가 있고, 리도 쇼 극장이 있고, 개선문이 보이는 샹젤리제 거리. 노천카페에 앉아 커피를 마셔보자. 남성이라면 독한 에스프레소 커피를, 여성이라면 오렌지 주스나 탄산음료perrier를 권한다. 차 한 잔을 마시면서 그 거리를 걷는 멋쟁이 파리지엔들의 패션을 감상해 보자. 지나가는 사람만 보아도 즐거워지며 '인생은 정말 살아볼 만한 것이구나'라는 생각이 든다.

나는 인생을 살아오면서 나만의 개똥철학 하나가 있다. 바로 여행에는 돈을 아끼지 않는다는 것이다. 여행은 항상 본전 이상의 것을 가르쳐준다. 여행을 하면 지겹게 느껴지는 일상이 즐거운 것으로 바뀌고, 이 세상에 볼거리가 많다는 사실을 알게 된다. 또 여행을 통해 '내가 너무 속 좁게 살아왔구나'라는 반성도 할 수 있고, 그러한 생각을 통해 자기도 모르는 사이에 마음의 키가 쑥쑥 크고, 정신이 건강해진다.

그리고 여행을 하면 유식해진다. 직장인들은 여행을 갔다 온 후 직장에 복귀하면 힘이 솟는다. 열심히 일해서 내년에도 여행을 가겠다는 희망이 생기기 때문이다.

여행이란 눈으로 보고, 머리로 생각하고, 입으로 그 나라의 맛을 느끼며, 코로 그 나라의 체취를 맡으며, 귀로 그 나라의 말소리와 음악을 듣는 것이다. 한국에서는 필요한 것만 보고, 듣고, 느끼지만 여행을 가면 눈, 코, 귀, 입, 머리 등 오감이 동시에 작동한다. 자연히 몸이 피곤해진다. 이를 '여독旅毒'이라고 하는데 사실 독이 아니라 최고의 영양제이다. 특히 정신에는 이보다 더 좋은 영양제는 없다.

그래서 나는 여행을 간다. 돈이 없으면 빌려서라도 간다. 생각해 보면 무모하다고도 할 수 있는데 돈은 빌릴 수 있지만 시간은 빌릴 수 없기 때문에 나는 무모한 짓을 저지른다. 요즘은 신용카드를 아주 유용하게 활용하고 있는데 비행기 표는 12개월 할부로 끊어서 1년 동안 갚고, 그걸 다 갚을 즈음에 다시 할부로 비행기 표를 사서 여행을 떠나곤 한다. 어쨌거나 주머니에 돈이 넘쳐서 여행 가는 사람은 드물다. 돈이 부족하면 부족한 대로 아껴 쓰면서 화장실에 가서 돈이 얼마나 남았나 몰래 세어보고 고민하는 것도 정말 재미있다.

여행을 가면 스트레스가 해소되고 유식해지지만 막상 남는 게 없다고 생각하는 사람들도 있다. 그들에게 "여행하면서도 돈을 벌 수 있다!"라고 말해 주고 싶다.

그런 예는 셀 수 없이 많다. 일본의 어느 여행가는 유럽의 양등洋燈, 즉 처마 밑에 달린 등만 찍어 책으로 냈다. 그 사람은 등에 관해서는 일본 최고의 전문가가 되었다. 또 다른 일본인 여행가는 여행을 하면서 재미있는 간판만 사진으로 찍어서 책으로 냈는데 그것이 베스트셀러가 되어 여행비의 몇 갑절을 뽑고도 남았다. 몽골에 가서 말안장만 조사하던 일본 사람도 있는데, 처음에는 취미 생활이었지만 지금은 말안장에 관해서 일본 최고의 전문가가 되었다. 아베노라는 일본의 소설가는 아마존 강에서 메기 낚시하는 것이 취미였다. 이 사람은 30년 동안 1년에 한 달 정도 아마존 강에 가서 메기 낚시를 했다. 아마존 강은 한반도의 네 배가 넘는 큰 강이다. 그 지류만도 3천 개에 달하는 어마어마한 강이어서 거기에 사는 메기의 종류도 3천여 종이 된다고 한다. 강이 워낙 크다보니 그곳에 사는 원주민들조차 강에 사는 메기의 종류를 다 알지 못한다. 그런데 아베노는 30년 동안 아마존 강 일대의 여러 지류를 탐사해서 메기를 잡아 연구하다 보니 아마존 강 유역에 사는 메기에 관해서는 세계적인 전문가가 된 것이다.

진정한 여행은 보기 좋은 곳만 찾아다니면서 감탄하는 것은 아니다. 자기의 취미와 기호대로 찾아다니며 사진도 찍고 모르는 것은 손짓 발짓으로 묻다보면 어느 날 그 분야의 전문가가 되어 있을 것이다. 포도주 병마개만 수집해도 되고, 화장실 변기만 촬영해도 된다. 그렇게 수집하고 사진 찍은 것을 여행이 끝난 후 인터넷에 올려보자.

십여 년 전에 동경의 긴자에 있는 클럽에서 술을 마시다가 화장실에 갔는데 그 클럽의 화장실은 술이 다 깰 만큼 너무 아름다웠다. 변기 위에 장미 한 송이가 꽂혀 있고, 화장실 안은 향기로 가득 차 있었으며, 바닥은 모자이크 타일로 장식되어 있었다. 그 뒤로 나는 여행지에서 화장실에 갈 때마다 인상적인 곳은 사진을 찍었다. 그런데 그렇게 찍은 화장실 사진이 유용하게 쓰일 줄이야!

지난 2001년부터 우리나라에서 화장실 개선 운동이 시작되었다. 2002 한·일 월드컵에 대비하여 화장실을 개선하자며 전직 국무총리까지 팔을 걷어붙이고 나섰고, 어느 단체에서는 화장실 잡지까지 발간하기 시작했다. 그런데 그들에게는 고민이 있었다. 모범을 삼을 만한 화장실에 대한 정보나 사진이 없는 것이다. 그러던 중 내가 여행을 다니면서 찍은 화장실 사진들이 귀중한 자료가 되어 그 잡지에 실리게 된 것이다.

요즘 나는 좋은 카메라를 가지고 다니지 않는다. 예전에는 외국 나갈 때마다 좋은 카메라에 표준 렌즈, 망원 렌즈, 광각 렌즈, 스트로보, 배터리, 삼각대 등 촬영 장비를 한가득 짊어지고 갔는데 여간 불편한 게 아니었다. 여행 가방도 무거운데 카메라 가방까지 들고 다니려니 너무 힘이 들었고, 직업상 비디오카메라까지 들고 가니 짐이 너무 많아 이동할 때마다 스트레스를 받았다.

그래서 언젠부턴가 무거운 장비를 모두 버리고 벨트에 착용할 수 있는 소형 카메라를 한 대 사서 그것만 가지고 다니기 시작했다. 사진의 화질은 고급 카메라보다 떨어지지만 대신 언제든지 들고 다니며 사진을 찍을 수 있었다.

이렇게 생각을 바꾸면 여행지에서 할 일이 많아진다. 관심 있는 분야 위주로 곳곳을 찾아다니며 정보와 사진을 모으기만 해도 후에 그 방면에서 준전문가 수준은 될 것이다.

레스토랑에서 망신당하다

샹젤리제, 이곳에서는 잊지 못할 몇 가지 에피소드가 있다.

레마르크의 소설 『개선문』에 나와 유명해진 식당 '푸케에Fouchet'에서 있었던 일. 파리를 떠나기 전날 화장실에 가서 돈을 세어보니 돈이 조금 남았다. 파리에서의 마지막 밤이니 좋은 식당에서 식사를 하고 싶었다. 친구 둘과 고민하다가 『개선문』에 나오는 식당에 가보자고 합의했다. '푸조' 택시를 불러 폼을 잡고 탔다.

저녁 8시 즈음 푸케에에 도착해서 당당하게 문을 열고 들어섰는데 그 순간 식당 안에 있는 손님들의 시선이 모두 우리에게 쏠렸다.

사람들의 반응에 당황하며 '왜 그러지?'라고 생각하고 있는데 갸르송garçon이 다가왔다. 그는 우리에게 예약을 했냐고 물었다. 우리 일행은 당연히 예약을 하지 않았다. 푸케에에서 식사를 하자는 것도 즉흥적으로 결정한 것이고, 불어라고는 '메르시 보꾸(감사합니다)'밖에 못 할 때였으니까. 그리고 그는 "죄송합니다만 정장을 하지 않고 오셨기 때문에……"라고 난색을 표했다. 그제야 사람들이 왜 우리를 쳐다보았는지 알게 되었다. 우리는 모두 점퍼 차림이었다. 식당 안에 있는 선남선녀들은 모두 우아한 원피스나 정장 차림으로 앉아 품위 있게 식사를 하고 있었다. 이런, 진퇴양난進退兩難이다. '식사를 포기할까? 그대로 밀어붙일까?' 잠깐 생각하다가 그냥 밀어붙이기로 결정했다.

갸르송은 이 무식한 일행들이 그대로 나가지 않을 것을 직감으로 알아차렸는지 잠시 망설이더니 정중하게 내 점퍼를 벗겨서 옷장에 걸고 플라스틱 번호표를 주었다. 받아주겠다는 뜻이었다. 나중에 알게 되었지만 그때 갸르송이 대단한 호의를 베풀었던 것이었다. 파리 물정이라고는 전혀 모르는 동양인을 한번 용서해 준 것이다. 그렇게 해서 우리는 간신히 유명하다는 푸케에서 저녁을 먹을 수 있었다.

그 뒤로 나는 파리에 갈 때면 정장 한 벌을 꼭 챙겨 간다. 처음에는 '무식하면 용감하다'가 통했지만 두 번째부터는 그런 행동은 교양 있는 행동이 아니라고 생각되었기 때문이다. 문화는 돈만 있다고 되는 것이 아닌 게다.

프랑스식 식사 순서는 어떠할까? 맨 처음 나오는 것은 앙트레entré, 즉 전채前菜이다. 보통 채소 위주의 접시 음식으로, 상추에 빵 조각을 뿌리기도 하고 토마토나 참치를 조금 넣기도 한다. 또는 찐 계란을 잘라 넣는 등 식당에 따라 방식이 다르다. 두 번째는 메인 디시. 육류, 생선, 날짐승 요리 등 손님이 원하는 것을 주문하면 된다. 세 번째가 프로마주promage(치즈)

와 빵이고, 네 번째가 디저트로 파이 종류이다. 그리고 여기에 포도주나 샴페인 한 병을 시킨다. 보통 때는 포도주를 시키지만 좀 특별한 자리라면 샴페인을 주문한다.

프랑스에서 꼭 먹어봐야 할 음식 중 푸아그라Foie Gras가 있다. 거위 간으로 만든 음식으로, 크기는 비스킷만한데 맛은 정말 훌륭하다. 다만 값이 좀 비싸다.

이날 우리는 푸케에서 푸아그라와 날연어 그리고 굴 요리를 주문해 먹었다.

파리의 밤은 마피아가 잡고 있다

　　　　　　　나는 개인적으로 쇼를 그다지 좋아하지 않는다. 리도 쇼나 물랭 루주 쇼, 크레이지호스 쇼 같은 것보다는 고상하게 문화를 즐겨야 한다고 생각하는 사람이다.

　파리에 열댓 번쯤 간 어느 날, 후배와 함께 샹젤리제 구경을 나갔다. 후배는 해외여행이 난생 처음이라 모든 것을 신기해 했다. 밤 11시 즈음 그 친구가 물었다.

　"형, 저 간판이 리도 쇼 간판 아니우?"

　나는 리도 극장이 샹젤리제 거리에 있다는 것을 진작 알고 있었다. 그러나 여자들이 단체로 훌렁 벗고 나와 춤추는 모습을 태연히 앉아서 볼 수 있는 강심장은 아니었다.

　"형은 파리에 많이 왔으니까 저런 쇼를 많이 봤겠죠?"

　명색이 파리통이라고 소문 나 있는데 리도 쇼 한 번 못 봤다고 하기에는 도무지 체면이 서지 않았다. 나는 슬쩍 눙치다가 사실은 본 일이 없다고 실토했다. 그 말에 후배 녀석은 여기까지 왔으니 쇼를 꼭 한 번 보자고 졸랐다. 결국 그날 리도 극장에 발을 들여놓게 되었다. 말로만 듣던 리도 극장은 입구부터 화려했다. 바닥에는 붉은 양탄자가 깔려 있고, 매표소 앞에는 검은 양복에 나비 넥타이를 한 파리지엔들이 손님을 맞이하고 있었다.

내가 유럽 여행을 많이 하면서 그런 유흥업소에 가는 것을 꺼리는 데는 그만한 이유가 있다. 일반인들이 알고 있는 파리는 예술과 낭만의 도시지만 내가 알고 있는 파리는 마피아의 도시다.

처음 파리에 왔을 때 중무장한 경찰들이 너무 많다는 사실에 의아했다. 그들은 정복正服도 아니고 테러리스트에 대항할 만한 전투복 차림으로 기관단총을 들고 곳곳에 서 있었다. 관광객들이 많은 개선문이나 에펠탑, 몽마르트르 언덕 같은 곳에는 경찰들을 볼 수 없지만 엘리제 궁Palais de l' Elysée 주위나 세계적인 명품을 파는 생트오노레 거리Rue de Fauburg St-Honoré 같은 곳에서는 그들을 쉽게 볼 수 있었다. 파리에 20년 이상 거주한 친구의 말에 따르면 파리에는 이따금 대형 테러 사건이 많이 터진다고 한다.

파리는 망명객의 천국이다. 자유, 평등, 박애의 나라답게 제3세계에서 독재에 저항하다 탈출한 사람이나 독재를 하다가 망명 온 사람들을 모두 받아주고 있다. 그 이유는 프랑스가 자유를 쟁취하기 위해 흘린 피가 있기 때문이다. 그 결과 탈출범이나 독재자를 죽이려는 암살범들도 파리에 많이 건너오는 것이다.

1789년 프랑스 시민이 전제 왕조를 무너뜨리면서 흘린 피는 개인의 자유와 권리를 최대한 신장시키는 밑거름이 되었다. 시민군은 바스티유 감옥을 부수고 그 안에 잡혀 있던 자유투사들을 구출해 냈다. 그리고 시민혁명이 성공하자 바스티유 감옥을 부수고 그 벽돌을 파리의 중심인 콩코르드 광장 바닥에 깔았다. 오늘날 파리 시민이 밟고 다니는 그 포석鋪石들은 단순한 돌이 아닌 피의 대가인 것이다. 이런 역사적 배경의 영향으로 프랑스 정부는 세계 각국에서 망명 온 정치 지도자들을 기꺼이 받아들이는 것이다.

이러한 망명자들을 쫓아온 암살범들은 그야말로 전문가 중의 전문가이고, 그 중에는 수단을 가리지 않고 망명자를 암살하려는 인간도 있다. 뿐만 아니라 파리의 지하 세계를 잡고 있는 마피아들도 만만치 않다.

파리는 현재 세계 5대 마피아가 잡고 있다고 한다. 세계 5대 마피아는 이탈리아 마피아, 러시아 마피아, 베트남 마피아, 중국 마피아 그리고 프랑스 마피아이다. 이 중에서 가장 산 떨리는 이들은 베트남 마피아라고 한다.

베트남 마피아는 프랑스가 인도차이나 반도를 식민지로 경영할 때 건너온 베트남인으로 형성된 조직이다. 이들은 체격이 왜소하고 자금력도 약하다 보니 남은 건 악밖에 없어 사고를 쳤다 하면 가장 잔인하게 사람을 죽인다고 정평이 나 있다. 속된 말로 아예 '포를 떠버리는' 것이다. 미국의 베트남 마피아도 마찬가지이다. 미국의 갱단 두목들이 가장 두려워하는 아이들이 베트남 마피아 하수인이다. 이들은 18~20세 정도로, 상대가 누구이든지 200달러만 주면 살인을 대신 해준다. 워낙 가난하다 보니 적은 돈으로도 범죄를 저지르는 것이다. 더구나 이들은 나이가 어려 세상 물정을 모르니 상대가 마피아의 보스인지 말단 조직원인지 생각하지도 않고 권총의 방아쇠를 당겨버린다. 그렇기 때문에 미국의 갱단 보스들은 도대체 뭘 모르는 이 아이들이 가장 겁이 난다는 것이다.

그 다음으로 잔인하다고 소문난 집단은 중국 마피아들이다. 이들은 중국 본토에서 온 사람들로, 대부분 홍콩의 세계적인 마피아 조직 삼합회에서 나왔다. 프랑스에는 중국인이 엄청나게 많이 살고 있다. 중국 음식점은 거리마다 널려 있고, 지방의 아주 작은 소도시에도 쉽게 찾을 수 있다. 인구가 5천 명 정도 되는 알프스 산중 도시인 샤모니 몽블랑, 남프랑스의 툴루즈, 호데즈, 해변가 도빌 등에도 중국 음식점은 있다.

파리 외곽 몽트뢰유 근처에는 중국인들이 모여 물건을 사고파는 시장까지 형성되어 있다. 나도 중국인 시장에 가본 적이 있는데 거기에서는 주로 중국 음식 재료를 팔고 있었다. 파리 시내의 중국집 주인들은 모두 여기서 장을 보고, 한국 식당 주인들도 이 시장을 종종 이용한다. 바로 이 시장을 비롯해서 중국인이 운영하는 가게는 모두 중국 마피아의 도움을 받고 있다. 중국인들이 많은 만큼 마피아의 세력 또한 다른 조직이 손댈 수 없을 만큼 거대하게 형성되어 있다고 한다.

러시아 마피아는 구소련이 붕괴된 후부터 파리에 본격적으로 진출해 있는데 이들은 신진 세력이다 보니 잔인하기로 소문 나 있다. 그러나 이 집단의 실체는 자세히 드러나 있지 않다.

이탈리아 마피아는 이미 오래 전부터 파리에 진출해 주로 이탈리아 식당을 경영하고 있다. 이들은 이미 터를 닦아놓았기 때문인지 다른 마피아에 비해 점잖은 편이라고 한다.

프랑스에서 가장 힘을 못 쓰는 집단은 다름 아닌 프랑스 마피아이다. 자기 시장을 다 남에게 내주었다는 소문이 들리지만 이들은 돈 많은 유태인 세력과 결탁해서 가장 자금이 풍부하다는 평을 받고 있다.

프랑스 경제의 40퍼센트는 유태인이 장악하고 있는데 이들은 현금 회전이 빠르고 외상 거래가 없는 사업, 즉 면세점 등을 운영하고 있다. 면세점은 100퍼센트 현금 또는 카드로 거래가 이루어지고 있고, 자금 회전력이 빠른 업종이다. 현재 파리 시내에는 약 스물여덟 개의 면세점이 있는데 대부분 유태인이 소유하고 있다. 프랑스의 면세점에서는 세계적인 명품을 판다. 상상할 수 없을 정도로 비싼 물건을 팔다보니 점포세만 하더라도 수백억, 수천억 원대에 이른다. 이러한 면세점 대부분을 유태인들이 장악하고 있고, 프랑스 마피아들에게 돈을 대주면서 그들을 하수인 부리듯 하고 있다.

더 이상 이야기하면 모처럼 큰맘 먹고 프랑스 여행을 가려는 독자들이 겁먹을 테니 이쯤에서 그만하자. 그러나 걱정되는 사람들이 있어 주의사항 한 가지 더!

내가 걱정되는 사람은 술 한잔 마시고 어디 가서 좀 껄떡거려 볼까 하는 아저씨들이다. 이런 아저씨들은 프랑스에 가서는 좀더 신중해질 필요가 있다. 특히 한국 아저씨들이 자주 가는 피갈Pigalle 거리에서는 더더욱 그러하다. 파리의 대표적인 환락가인 이곳에 가면 백이면 백 바가지를 쓰고 온다. 이 지역은 그야말로 마피아의 보호 아래 있는 상권이다. 피갈 거리를 어슬렁거리다 보면 저렴한 요금으로 라이브 쇼를 보여준다는 간판을 쉽게 볼 수 있는데, 이 말에 현혹된 한국 아저씨들은 삼삼오오 몰려갔다가 지갑을 홀랑 털리고 나오는 경우가 부지기수이다. 남 보기 창피해서 다른 사람에게 말하지 않은 사람까지 합치면 피갈 거리에서 당한 사람의 숫자는 생각보다 훨씬 많을 것이다.

그들의 수법을 잠깐 살펴보자.

이들은 음흉한 시선으로 연신 두리번거리며 돌아다니는 아저씨들을 발견하면 2만 원에 음료 한 잔과 쇼를 볼 수 있다며 호객행위를 한다. 한국 아저씨들은 그 말에 현혹되어 삼삼오오 모여 가게로 들어간다. 그 안에는 삐끼가 말한 대로 여자들이 거의 알몸으로 춤을 추고 있는데, 여자들은 영화배우처럼 몸매와 얼굴이 환상적이다. 실내는 매우 어두워 옆 테이블에 사람이 있는지 없는지 모를 정도이다. 쇼가 진행되면 토플리스 차림의 미희들이 양손에 한 잔씩 술잔을 들고 아저씨들에게 다가온다. 아저씨들은 이 서비스가 당연히 입장 요금에 포함된다고 생각하지만 조심해야 한다. 한 잔은 무료지만 두 잔째부터는 계산이 되기 때문이다. 미희들은 아저씨들에게 음료를 사달라고 조른다. 그러면 마음 약한 아저씨들은 마지못해 한 잔 마시라고 한다. 이때 미희들은 맥주 한 잔이 아니라 샴페인을 시킨다. 그것도 한 잔이 아니라 병째로 마셔버린다. 이렇게 해서 술값은 100만 원에서 500만 원까지 나온다. 몇 시간 동안에 여행 경비가 몽땅 날아가버리는 것이다.

이런 쇼를 꼭 보고 싶은 사람은 가이드에게 부탁해라. 가이드에게 단체로 쇼 관람을 하고 싶다고 말하고 2~30명 정도를 모아 1인당 5만 원에서 10만 원 정도로 요금을 협상해서 가는 것이 가장 좋은 방법이다. 향락업소 주인들은 관광 가이드 앞에서는 오금을 펴지 못한다. 그들은 자기 가게의 매출을 고정적으로 올려주는 VIP이기 때문이다. 그리고 뒷골목에 있는 정체를 알 수 없는 요상한 가게보다는 리도 쇼 극장이나 물랭 루주 쇼 극장같이 정상 요금을 받고 영업하는 가게로 가는 것이 현명하다.

기왕에 얘기가 나왔으니 주의해야 하는 술집의 바가지 수법을 몇 가지 들어보기로 한다.

바가지 수법 하나, 런던의 소호 거리

장소는 런던의 소호 거리Soho Street. 런던 제일의 환락가이며 라이브 쇼, 핍 쇼 등이 유명하다. 특히 '레이몬드 뷰 바'는 라이브 쇼로 유명한 곳으로, 6만 원 정도의 균일 요금을 받고 공연하는 대형 업체이다. 이 가게 2층은 3~400명이 들어갈 정도로 크지만 워낙 유명해서 항상 줄이 길게 늘어서 있다. 밤 8시쯤 이 거리에 가면 사람들이 넘쳐난다. 레이몬드 뷰 바 앞에서 기웃거리고 있으면 난데없이 점잖게 생긴 영국 아저씨가 다가온다. 이 아저씨는 "어, 오랜만이야! 또 왔어?"라고 말을 건다. 한국 아저씨는 의아해 한다. 자기는 오늘 런던에 처음 왔을 뿐더러 말을 거는 영국 사람을 처음 보기 때문이다. 런던이 처음이라고 말하면 그는 겁을 준다.

"오늘 여기에 들어가려고 하지? 안 가는 게 좋을걸. 저 가게는 레즈비언 천지야. 들어가서 10분도 못 보고 토하고 나올걸."

그러나 영악한 우리나라 아저씨는 삐끼의 그런 단수에는 잘 안 넘어간다. 하지만 속으로는 내심 망설인다. 6만 원이나 내고 들어갔는데 10분도 못 보고 나오면 본전 생각이 날 것 같아서이다. 그래서 다른 좋은 곳이 있냐고 넌지시 삐끼에게 묻는다. 삐끼는 촌티 풀풀 나는 동양인 아저씨가 런던이 처음이라는 것을 이미 알아채고 그를 안심시킨다.

"이 동네에서 잘못 들어가면 큰일나요. 내가 싸고 안전한 곳으로 데려다주지."

아저씨는 따라갈까 말까 망설인다. 바로 그 순간 삐끼는 "가게 앞에만 가보고 마음에 안 들면 그냥 가도 돼요"라고 말하며 한국 아저씨를 안심시킨다. 한국 아저씨는 그제야 안심을 하고 '밑져야 본전'이라는 생각에 가게 앞까지만 가보기로 한다.

삐끼의 안내로 가게 앞에 가보니 가게는 의외로 아주 작다. 게다가 요금 카운터에는 백발이 성성한 60대 할머니가 요금을 받고 있다. 한국 아저씨는 한국에서처럼 가게가 작으면 값도 쌀 거라고 생각하며 일난 안심한다. 더구나 할머니가 요금을 받고 있다는 데 또 안심한다. 입장료를 물어보니 레이몬드 뷰 바보다는 만 원 정도 저렴하다. 아저씨는 요금에 음료가 포함되어 있는지, 들어가서 테이블 차지Table charge는 어떻게 하는지 꼼꼼하게 물어본다. 그 할머니는 추가요금은 전혀 없다고 말한다. 교양 있어 보이는 할머니가 친절하게 말하니 아저씨는 별 의심 없이 가게로 들어간다.

손님 중에는 동양인으로 보이는 사람들이 여기저기에 앉아 있다. 아저씨는 동양인 손님들이 자신 말고 또 있다는 데 안심한다. 그러나 가게 안에 있는 동양인들은 인도, 파키스탄 사람으로 업소에서 고용한 하수인들이다.

쇼가 시작되고 음료가 나오고 토플리스 차림의 미희가 손님 수만큼 좌석에 앉는다. 메뉴판에는 오렌지 주스, 콜라 한 잔에 1만 5천 원 정도로 되어 있다.

미희들이 오렌지 주스 한 잔을 사달라고 조르면 아저씨는 메뉴판을 보고 또 본 뒤 아가씨를 위해 콜라나 오렌지 주스를 주문한다. 잠시 후 테이블에 도착한 것은 주문한 음료가 아니라 얼음통에 담긴 샴페인이다. 쇼는 한참 진행된 상태다. 샴페인이 오면 아가씨는 재빨리 아저씨들에게 한 잔 돌리고 자신도 원샷 한다. 샴페인을 마신 후에야 아저씨는 감을 잡는다. 그 찰나 청구서가 테이블에 도착한다(청구서가 도착하는 시간은 불과 30분 이내이다). 청구서에 적힌 술값은 '일금 200만 원!' 청구서를 보고 놀란 아저씨는 술값을 줄 수 없다며 항의하는데 갑자기 입구에 있는 문이 덜컥 잠긴다. 도움을 요청하려고 주위를 둘러보지만 동양인 손님들은 어느새 사라져버리고, 눈앞에 헤라클레스 같은 근육질의 거한이 다가와 돈을 내지 않으면 나갈 수 없다고 겁을 준다. 더구나 카드는 일절 받지 않고 오직 현금만 받는다고 한다. 돈이 없으면 템스 강에 데리고 가 발에 쇠족쇄를 채우고 밀어버리겠다고 협박한다. 사정해도 소용없다.

여행비를 한꺼번에 다 털려버린 아저씨는 억울해 하며 인근 파출소에 신고한다. 그러나 현금으로 계산했기 때문에 증거가 없다. 계산서라도 있으면 되는데 가게에서 계산서까지 뺏긴 상태이기 때문에 물증이 없다. 서툰 영어 때문에 손짓 발짓으로 겨우 설명하고 경찰과 함께 그 업소를 찾아간다. 그러나 술집에서는 모르는 일이라고 철저하게 잡아뗀다. 어떤 경우에는 경찰이 오면 셔터를 내리고 영업을 하지 않는 경우도 있다. 결국 불쌍한 한국 아저씨는 이튿날 짐을 꾸려 한국으로 돌아간다.

바가지 수법 둘, 파리의 피아노 바

파리의 한국 식당에서 곱창을 구워 소주를 두어 병 마신 한국 아저씨들은 2차가 간절히 생각난다. 시계는 밤 10시를 가리키고 있다. 어디 가서 한잔 더 먹을까? 가진 건 돈밖에 없는 한국 아저씨들은 유럽 아가씨들과 즐기고 싶다는 생각을 한다.

이리저리 기웃거리며 거리를 걷다보면 음악이 뽕까뽕까 흘러나오는 피아노 바들이 보인다. 바 앞에는 그야말로 팔등신 금발, 은발들이 그들에게서 오라고 손짓한다. 그 중에서 한국에서 잘 나간다는 아저씨가 흥정하기 시작한다. 술값은 얼마, 팁은 얼마, 테이블 차지는 얼마인지 조목조목 알아본 결과 네 명이서 100만 원 정도면 충분하다고 결론을 내린다. 왜냐하면 양주 한 병에 20만 원 정도이고, 안주는 없으며 팁도 없기 때문이다. 프랑스에서 술집 아가씨들의 팁은 고작 몇천 원 수준이다.

그리하여 피아노 반주가 흘러나오고 뇌쇄적인 미희들이 서비스를 하는 피아노 바에서 양주를 한 병 마신 아저씨들은 처음에는 얌전히 앉아 술만 마시다가 술기운이 오르자 '마이 웨이My way'도 부르고, 나훈아 노래도 신명나게 부른다. 그러면 곁에서 아가씨들이 잘 논다며 박수도 쳐주고 뽀뽀도 해준다. 술이 거나하게 오른 아저씨들은 아가씨에게 술을 마시라고 한다. 여기가 강남 룸살롱인 줄 착각한 것이다. 그러면 아가씨들은 곁에서 음료를 쉴 새 없이 시켜 마시고 있다가 더 팍팍 시켜서 먹는다.

아저씨들은 난생 처음 보는 외국 여자들에게 넋을 잃고 놀면서도 속으로는 이들이 비싼 술을 시키지 않나 호시탐탐 감시한다. 아가씨들이 마시는 것은 분명 콜라다. '그까짓 콜라, 몇 푼이나 하겠냐' 하면서도 곁눈질로 메뉴판의 콜라값을 확인하고 심지어 잔 수까지 헤아린다. 그러나 이들이 마신 것은 콜라가 아니다. 콜라에 양주를 섞은 콜라콕이나 피나콜라다와 같은 술이다. 이런 술은 콜라보다 몇 배 더 비싸다.

아가씨들은 모두 불어로 주문을 한다. 그렇기 때문에 아저씨들은 그들이 무엇을 시키는지 알 수가 없다. 계산서가 도착할 즈음 아가씨들은 아저씨들에게 자기가 먹던 음료를 한 모금 마시게 해준다. 그제야 아저씨들은 그것이 콜라가 아니라는 것을 알아챈다. 정신이 번쩍 날 무렵 계산서에는 최소한 1인당 100만 원씩 청구되어 있다.

바가지 수법 셋, 한여름의 로마

때는 한여름의 로마. 무더운 날씨이다.「로마의 휴일」에 나오는 '트레비 분수'를 구경하기 위해 한국 아저씨 둘이 부지런히 걷고 있다. 그때「쥬라기 공원」에 나오는 흰 턱수염의 사장 리처드 아텐보로 경처럼 점잖게 생긴 노인이 지도를 보고 있다가 이들에게 트레비 분수가 어디냐고 묻는다.

트레비 분수는 불과 5분 거리. 한국 아저씨들은 친절하게 트레비 분수의 위치를 손짓 발짓 해가면서 가르쳐준다. 노인은 캐나다에서 왔는데 로마를 구경하는 것이 평생의 소원이었다고 한다. 그러면서 늙어서 그런지 걷기조차 힘들다고 엄살을 부린다. 미안하지만 두 사람이 거기까지 좀 데려다달라고 한다. 한국 아저씨들은 조금 망설이다가 고급 금테 안경에 몽블랑처럼 보이는 고급 만년필이 와이셔츠 주머니에 꽂혀 있고, 구두는 스위스제 발리에, 최고급 금도금 지팡이를 짚고 있는 노인의 행색에 오히려 경외감을 가지고 안내한다.

트레비 분수에 도착한 캐나다 노인은 감격스러운 표정을 지으며 "원더풀!"을 연발한다. 한국 아저씨들은 노인의 탄성을 들으며 자신들의 선행을 자랑스럽게 생각한다. 감격에 감격을 하던 노인이 갑자기 아저씨들에게 사례를 하고 싶다고 말한다. 그러나 동방예의지국 출신의 두 아저씨는 웬 사례냐며 사양하지만 캐나다 노인은 너무 미안하고 고마워서 그냥 보낼 수 없다고 한다. 결국 캐나다 노인과 한국 아저씨들은 노천 테이블에 앉아 콜라를 마신다. 콜라를 다 마시고 노인이 돈을 지불하면서 자신은 캐나다의 건축가라며 명함을 준다. 혹시 캐나다에 올 기회가 있으면 대접하고 싶으니 전화를 달라는 것이다. 그러면서 다음 코스로 '스페인 계단'에 갈 생각인데 다리가 불편해서 그러니 한 번만 더 동행해 줄 것을 점잖게 부탁한다. 콜라까지 얻어마신 한국 아저씨들은 흔쾌히 수락한다. 스페인 계단은 너무나 유명한 곳이어서 쉽게 찾을 수 있기 때문이다.

스페인 계단에 도착했다. 캐나다 노인은 여기서도 "원더풀!"을 연발하면서 감격해 한다. 이제 자신은 나이가 많아 두 번 다시 여기 올 수 있을지 모르겠다며 눈시울까지 붉힌다. 그 곁에서 콧등이 찡한 한국 아저씨들은 태어나서 모처럼 좋은 일을 했다는 뿌듯한 보람을 느낀다. 이제 헤어지자며 손을 내미는 캐나다 노인은 고맙다며 맥주 한 잔씩만 더 대접하고 싶다고 말한다. 잠시 고민에 빠진 아저씨들은 결국 노인의 제안을 받아들이고 그와 함께 지하의 시원한 맥주집으로 간다.

노인이 주문을 하고 얼마 있다가 도착한 것은 뜻밖에 얼음에 채워진 샴페인. 노인이 사양하지 말라며 샴페인을 한 잔씩 따라주고 건배를 외친다. 날이 너무 더운 탓인지 세 사람은 단번에 쭈욱 들이킨다. 다시 잔을 채운 노인은 신변잡기를 늘어놓으며 샴페인을 연거푸 마셔댄다. 그리고 얼마 후 소변이 마렵다며 잠깐 화장실을 다녀오겠다고 말한다.

지팡이도 자리에 둔 채 화장실에 간 노인은 20분이 지나도 돌아오지 않는다. 한국 아저씨들은 불안해져서 서둘러 카운터로 뛰어간다. 리처드 아텐보로같이 생긴 노인의 행방을 묻자 카운터에서는 "그분은 아까 갔습니다"라고 냉랭하게 말한다. 그리고 청구서를 내민다. 200만 원이다. 노인과 술집은 한 패거리였던 것이다. 그러니 도대체 어떻게 따져볼 도리가 없다. 이런 완벽한 시나리오에는 누구도 당할 장사가 없다.

바가지 수법 넷, 함부르크

독일 함부르크에서 있었던 일. 밤 10시, 호텔로 가기 전에 양주 딱 한 잔만 마시고 싶은 한국 아저씨. 그러나 객지여서 그런지 용기 내기가 쉽지 않다. 이 술집으로 갈까? 저 술집으로 갈까? 이리저리 기웃거리다가 좀 만만해 보이는 술집 하나를 찾아 들어간다.

"시바스 리갈 한 잔 주시오."

그러나 웨이터는 시바스 리갈은 없다고 대답한다.

한국 아저씨는 고민하다가 다른 거 없냐고 묻는다. 웨이터는 자신이 추천해도 되겠느냐며 이 집에서 만든 좋은 양주가 있는데 맛이 아주 좋다고 엄지손가락을 치켜세우면서 말한다. 아저씨는 양주 한 잔 값이 비싸봐야 얼마나 비싸겠느냐며 웨이터가 추천해 주는 술을 시킨다. 술을 마시고 담배 한 대를 피운 후 계산서를 보니 술값이 500만 원이다. 계산서를 확인하고 또 확인해 보지만 틀림없는 500만 원이다.

놀라서 웨이터에게 계산서가 잘못된 것이 아니냐고 따져보지만 웨이터는 이 가게에서 만든 특수 조제 양주로 전 세계에 단 하나뿐인 양주라고 천연덕스럽게 말한다.

거칠기로 유명한 함부르크. 결국 아저씨는 있는 돈을 다 주고 나올 수밖에 없었다.

위의 네 가지 상황으로 보아 대체로 바가지 수법에 걸려드는 사람은 스스로 원인을 제공하고 있다. 재미있게 놀아보고 싶은 욕구가 화를 부른 것이다. 물론 몇 가지 경우는 어찌하지 못할 상황이었지만 그에 따른 대처 방법이 아예 없는 것은 아니다.

여행 가서 바가지 안 쓰는 방법

여행 가서 바가지를 쓰지 않으려면 술집에 들어갈 때 다음과 같은 상황에 유의하자.

첫째, 대로변에 있고 안이 훤히 들여다 보이는 오픈된 곳에 가도록 하자.

둘째, 현지 서민들이 드나드는 곳이 안전하다.

셋째, 특별한 쇼를 보고 싶으면 호텔 1층에 자리 잡고 있는 '콩셰르지 Concierge'에게 문의하여 추천을 받은 후 예약을 부탁한다.

유럽에 있는 별 네 개 이상의 호텔에는 거의 대부분 콩셰르지가 있다. 한국 사람들은 콩셰르지를 거의 이용하지 않는 편인데 이건 잘못이다. 콩셰르지는 호텔 투숙객이 아니어도 부탁하면 고객이 원하는 식당, 술집, 바, 콜택시 등 거의 모든 요구사항을 친절히 안내해 주는 호텔 종업원이다. 그에게 오늘 저녁에 가고 싶은 바의 종류, 가격, 거리 등 조건을 얘기하면 콩셰르지는 업소의 주소, 전화번호, 가격, 업소의 행태 등이 적힌 두꺼운 책을 꺼내 몇 군데를 추천한다. 그가 제시하는 가게 중 마음에 드는 곳을 얘기하면 예약 여부와 택시 이용 여부를 묻는다. 잠시 후 택시가 도착하면 콩셰르지는 택시 기사에게 고객이 가고 싶은 곳의 주소와 이름을 가르쳐준다. 택시 기사가 데려다주는 가게 앞에 내려 들어가면 테이블에 고객 이름이 적힌 예약석 팻말이 놓여 있다. 고객은 그 자리에 앉아 술, 식사, 쇼 관람을 즐기면 된다.

이처럼 여행지의 여건과 상황을 잘 모를 때는 콩셰르지를 이용하는 것이 가장 합리적이다. 그들이 보유하고 있는 업소는 바가지 같은 문제에 관해서는 검증이 끝난 곳이며 호텔에서 예약한 곳이므로 감히 그런 짓을 하지 못한다.

앞서 말했듯이 콩셰르지는 누구의 부탁이라도 친절하게 들어준다. 콩셰르지의 서비스 요금은 1유로 정도 된다. 바가지 술집을 기웃거려서 술 한잔 마시고 울면서 몇 백만 원을 어이없게 날린 후 후회하는 것보다 콩셰르지를 적극 활용하여 원하는 곳에서 즐기는 것이 훨씬 낫다.

참고로 파리에서 바가지를 절대로 씌우지 않는 대형 쇼 업소가 두 군데 있는데, 샹젤리제의 리도 쇼와 피갈의 물랭 루주 쇼가 바로 그곳이다.

감동 또 감동, 리도 쇼

리도 쇼는 물랭 루주 쇼와 더불어 파리의 2대 쇼 중 하나이다. 들어가려고 하니 입장료는 받지 않고 가방과 카메라를 맡기고 들어가라고 한다. 촬영이 금지되어 있기 때문이란다. 공연은 이미 시작되었다. 무대가 보이는 극장 입구에 들어서니 갸르송이 어디에서 볼 것인지 물어본다.

리도 쇼 극장의 좌석은 세 부분으로 나눠져 있다. 무대 바로 앞, 무희들이 춤추는 모습을 바로 앞에서 볼 수 있으며 샴페인 또는 포도주 한 병이 서비스 되는 퍼스트 클래스, 무대에서 5~7미터 정도 떨어진 곳으로 샴페인 또는 포도주 한 병이 서비스 되는 자리 그리고 테이블이 없는 자리로 나뉜다. 자리에 따라 요금은 다르며, 퍼스트 클래스와 테이블이 없는 자리는 요금이 두 배 정도 차이가 난다.

기왕에 들어왔으니 가장 잘 보이는 곳으로 가려고 했는데 그곳은 이미 꽉 찼단다. 할 수 없이 무대에서 조금 떨어진 좌석으로 갔다. 테이블에 앉으니 갸르송이 촛불을 켠 뒤 얼음통에 든 샴페인 한 병을 가져왔다. 요금은 바로 계산했다. 갸르송이 따라주는 샴페인을 한 잔 마시면서 쇼를 관람했다.

쇼는 다채로웠다. 내가 들어갔을 때 무대에서는 마임이 진행되고 있었다. 마임의 배우는 미국인. 실크 모자를 쓰고 턱시도를 입은 그는 지팡이 하나로 각종 코미디를 보여주었는데 대사 중에 '메이드 인 코리아'라는 말이 나온다. 극 중에서 '메이드 인 코리아'는 값은 싸지만 품질은 별로 좋지 않은 물건을 비유하고 있었다. 이런 젠장, '메이드 인 코리아'가 여기서 야유를 받고 있다니! 하지만 한편으로는 '한국이 이 정도로 유명해졌구나'라는 생각도 들었다.

마임이 끝나자 이번에는 유명한 캉캉 댄스가 이어졌다. 상체를 벗은 수십 명의 무희들이 나와 일렬로 줄을 맞춰 서서 춤을 추는데 모두 팔등신 미인이다. 눈이 부실 지경이다. 캉캉 댄스가 끝나고 무대가 얼음판으로 바뀌더니 이번에는 아이스 발레가 시작된다. 선남선녀 두 사람이 얼음 위에서 아이스 발레를 하는데 여배우 역시 상체가 알몸이다. 아이스 발레가 끝나자 무대 전체는 분수대로 바뀐다. 분수대 사이사이에서 무희들이 나와 아랍 춤을 비롯해 각종 춤을 추는데 그 춤 또한 예술이다.

다시 무대는 바뀌어 아랍산 말이 나오고, 역시 상체를 벗은 무희들이 말 위로 올라타는 묘기를 선보인다. 이어 사자도 나온다. 사자를 달래는 반라의 무희. 무대는 지루할 사이도 없이 몇 분 간격으로 바뀐다. 실내를 가득 메운 외국 손님들은 외설스럽다기보다는 예술에 가까운 너무나 예술적인 쇼에 감탄사를 연발한다.

　주위를 둘러보니 관객들 대부분이 서양 사람들인데 멀지 않은 자리에 한국 사람이 있었다. 부부 두 쌍이다. 요즘은 유럽에서 한국인의 모습은 쉽게 볼 수 있다. 그만큼 유럽으로 여행 가는 사람이 많기 때문이다. 이제는 유럽 사람들도 한국 사람들을 구별할 정도다.

　리도 쇼의 맨 마지막 공연은 리도의 프리마 돈나가 장식했다. 하늘에서 내려온 프리마 돈나가 관객 앞에 최대한 가까이 다가와 벗은 상체를 보여 주며 춤을 추는 것으로 공연은 끝이 났다. 공연시간은 두 시간. 공연이 끝난 시각은 새벽 1시였다.

　리도 쇼에서 예술이라고 감탄한 부분은 바로 무대 장치이다. 무대의 화려함은 누구도 흉내 내지 못할 정도로 훌륭하다. 두 시간 동안 무대는 적어도 열 번 이상 바뀌었다. 얼음판, 분수, 달리는 말, 사자우리 등. 방송국에서 오래 일한 나는 무대 디자인에 대해서도 어깨 너머로 많이 보아왔다. 특수장치가 눈에 익숙한 내가 봐도 리도 쇼의 무대 디자인과 쇼 구성은 최고라고 말할 만했다. 시설 투자에만 적어도 수백억 원은 투자한 듯하다.

　그리고 또 한 가지 감탄한 것은 반나체로 춤추는 무희들이 절대 천해 보이지 않고 너무나 아름다웠다는 것이다. 관객 중에는 여자가 거의 절반이었는데 여체를 장삿속으로만 보여주었다면 여자 관객들은 모두 들고 일어났을 것이다. 그러나 공연이 끝났을 때 여자 관객들이 무희들에게 보낸 갈채는 감동, 바로 그것이었다.

　공연을 다 보고 나왔을 때 나는 슬펐다. 관광 진흥을 목이 터져라 외치기만 하면 뭐하나? 말로만 떠들지 말고 관광객을 끌 수 있는 우리나라만의 독특한 쇼를 개발하고, 그 쇼를 공연하는 장소의 무대 디자인, 쇼의 구성, 소품, 출연진의 세련미 등을 먼저 개선해야 할 것이다. 장사는 이렇게 해야 한다. 우리는 리도 쇼를 배워야 한다!

콩트레스카르프 광장

새벽 1시, 잠을 자야 할 시간이지만 파리에서는 쉬이 잠들 수 없다. 개선문 위에는 별이 초롱초롱하다. 샹젤리제의 식당들은 새벽 2시, 더 오래 영업하는 집은 새벽 4시까지 한다. 시간이 늦어서인지 레스토랑 앞의 노천 테이블에는 사람이 거의 없다. 레스토랑, 카페, 브라스리(선술집) 안에는 선남선녀들이 앉아서 소곤소곤 밀어를 나누고 있다.

4월 초의 파리는 제법 쌀쌀하지만 노천 테이블은 그렇게 춥지 않다. 천장 위에 붙어 있는 전기난로나 가스난로가 파이프로 연결되어 있어 열기를 아래로 뿜어주기 때문이다. 그러나 행인도 별로 없는 새벽 2시의 노천 테이블에 청승맞게 앉아 있을 수는 없었다.

어디로 갈 것인가? 이 시간쯤 가볼 만한 곳이 한 군데 있다. 바로 시테 섬Ile de la Cité 근처에 있는 콩트레스카르프 광장Place de la Contrescarpe이다. 시테 섬은 센 강에 떠 있는 삼각주로, 노트르담 사원이 있는 곳이다.

이 섬은 서울에서 여의도와 비슷하다.

콩트레스카르프 광장에는 국립이과학교, 즉 에콜 폴리테크니크가 있다. 이곳은 천재라고 불리는 이들이 다니는 학교이다. 기술 분야의 고급 관료와 최신예 무기를 연구, 개발하는 엘리트를 양성한다. 이 학교에 다니는 천재들은 12시가 넘으면 하던 공부를 접고 담장 너머에 있는 콩트레스카르프 광장으로 놀러 나온다.

콩트레스카르프 광장은 자그마한 분수대를 끼고 있는 작은 광장인데, 열여섯 개의 선술집과 레스토랑에 둘러싸여 있다. 광장의 한쪽에는 생맥주를 파는 선술집이 하나 있는데, 술값이 싸서 돈 없는 학생들이 많이 온다. 또 이렇게 구석진 곳까지 찾아오는 외국인은 거의 없어 이 술집의 손님은 거의 대부분 국립이과학교의 학생들이다.

새벽 1시가 넘은 시각, 술집 안은 초만원이다. 하루의 공부를 끝낸 학생들이 생맥주 한 잔씩 놓고 삼삼오오 모여 토론을 벌이고 있다. 깔끔하게 단장한 이는 하나도 없다. 아인슈타인의 더벅머리처럼 빗질도 하지 않고, 며칠 동안 감지도 않은 듯한 머리에 하나같이 청바지에 티셔츠 차림이다. 그마저도 무릎이 튀어나왔거나 입기 편한 헐렁한 스타일이다. 여학생들의 차림새도 마찬가지이고, 그녀들의 얼굴에는 화장기라고는 찾아볼 수 없다. 맥주 한잔을 앞에 두고 머리를 식히는 이들이 바로 프랑스 과학의 미래를 설계하는 녀석들이다. 바로 이 아이들 때문에 프랑스가 발전한다.

프랑스와 독일, 영국은 수없이 많은 전쟁을 치렀다.

독일 국민은 정확하고 치밀하며 규칙적이고 자기절제가 뛰어난 데 비해 프랑스 국민은 자유분방하고 인생을 즐기며 사고가 유연하다.

또, 프랑스 사람들은 낭만과 예술을 좋아하고 포도주를 즐기며 타박에 앉아 농담하며 시간 보내는 걸 좋아한다. 이런 측면에서만 본다면 독일은 프랑스를 애초에 점령했어야 했다. 그러나 독일과 프랑스가 싸운 마흔세 번의 전쟁에서 독일은 전투에서는 더 많이 이겼지만 전쟁에서는 항상 패배했다. 어느 날 독일은 치밀하게 작전을 짜고 철저히 준비한 후 프랑스로 밀고 들어갔다. 프랑스 국민들이 포도주에 취해 정신 못 차리고 있는 사이 사정없이 진격해서 이기는가 싶었는데 갑자기 전 국민이 일치단결하더니 반격에 나서는 것이다. 그러면 독일은 '깨갱' 소리 한 번 못 내고 도망칠 수밖에 없었다.

프랑스에서는 나라가 위기에 처했을 때마다 영웅이 나온다. 오를레앙의 처녀 잔 다르크나 지구의 절반을 쓸어버리는 나폴레옹 같은 이들이다. 이러한 점이 바로 프랑스라는 나라가 지닌 저력이다. 담배꽁초나 휴지, 개똥을 시내 한복판에 버려도 아무런 제재를 받지 않고 무한한 자유만큼이나 상상력을 인정받는 나라가 프랑스이다. 과학 발전의 역사는 곧 상상력의 산물이다. 프랑스 사람들은 날고 싶다는 인간의 욕구를 세계에서 가장 빠른 비행기 콩코드로 실현시켰고, 포도주나 마시고 노는 것 같지만 시속 300킬로미터 고속열차 TGV를 전 세계에서 두 번째로 만들었다.

실제로 프랑스 국민의 99퍼센트는 인생을 즐기고, 나머지 1퍼센트의 사람들, 즉 국립행정학교나 이과학교, 고등사범학교 출신들이 공부에 공부를 거듭해서 프랑스를 이끌고 세계를 이끌어나간다.

프랑스는 철저하게 엘리트 교육을 시킨다. 국립행정학교에서는 프랑스의 정치지도자를, 국립이과학교에서는 프랑스의 과학 분야를 이끌어갈 천재들을 배출한다. 자크 시라크 프랑스 대통령도 바로 국립행정학교 출신이다. 이 천재들은 국가의 전폭적인 지원을 받아 학비는 전혀 내지 않고 오히려 장학금을 받으면서 공부한다. 공부에만 열중하도록 국가에서 배려하는 것이다.

그리고 나머지 사람들은 고등학교 또는 그 이전부터 원하는 직업 교육을 받는다. 제빵 학교, 제과 학교, 미용 학교, 웨이터 학교, 탐정 학교, 농사 기술 학교 등을 다니며 전문적으로 직업 교육을 받는 것이다.

이 선술집에 모인 더벅머리 젊은이들이 상위 1퍼센트의 엘리트들이다. 이들은 옷에도, 헤어스타일에도, 유행에도 관심이 없다. 형형한 눈빛으로 죽도록 공부하고, 토요일 저녁에는 생맥주 한 잔을 놓고 토론을 하면서 머리를 식힌다.

새벽 1시, 이 아이들과 어울려 떠들면서 마시는 맥주 한 잔, 눈빛이 형형한 미래의 프랑스 지도자들과의 대화. 프랑스는 만만치 않다.

타박의 재미

　　　　　　　　프랑스에서 가장 많이 눈에 띄는 가게는 타박
tabac이다. 영국으로 치면 펍pub이다. 술을 팔지만 선술집이라기보다는
간이매점에 가깝고, 생맥주, 양주 잔술, 샌드위치와 달걀 프라이 정도의
간단한 식사를 할 수 있으며, 우표, 껌, 담배, 볼펜, 그림엽서, 복권 등도
살 수 있다. 타박은 골목마다 하나씩 있는데 손님들은 대개 동네 사람이
다. 동네 노인들은 아침 10시경이면 문을 여는 이곳 타박에 모여 포도주
를 한 잔씩 하면서 한담閑談을 나누기도 하고, 청년들은 지나가다가 들러
커피나 양주, 생맥주 한 잔씩 마시고 간다. 잡화상이면서 술도 팔고 간단
한 식사도 할 수 있는 타박에 나 또한 자주 간다. 돌아다니다가 다리가
아프면 잠시 쉬거나 그림엽서를 사서 가족과 친구들에게 쓴 뒤 우표를
붙여 주인에게 주면 그가 우체부에게 준다. 프랑스에서 우표와 엽서를
파는 곳은 타박밖에 없다.

　　나는 여행하면서 엽서를 많이 쓴다. 특히 딸에게 엽서를 써서 보내는데

많이 쓸 때는 하루에 대여섯 장 쓰기도 하고, 적어도 하루에 한 장씩은 꼭 써서 보낸다. 여행하면서 엽서를 보내는 것은 매우 필요한 일이다. 여행지를 옮길 때마다 자기가 있는 곳을 알릴 수 있기 때문에 만약 행방불명이 되더라도 찾을 수 있는 근거가 된다. 또 여행 가는 곳의 감상을 써놓으면 나중에 엽서를 보면서 그 기억을 되살릴 수 있다. 그리고 엽서를 받는 사람도 해외에 나가 있는 사람이 자기에게 엽서를 보내주었다는 사실에 기분이 좋아진다. 그래서 나는 그 지역의 아름다운 풍경이 담긴 엽서 몇 장을 골라 현지에서 써서 보낸다.

단, 그림엽서를 한국에 보낼 때는 엽서 윗부분에 반드시 큼지막한 글씨로 'PAR AVION'이라고 쓴 뒤 주소 끝에 'Coree du Sud(남한)'라고 쓰는 것을 잊지 말자.

여행이 끝나고 집에 돌아오면 아내는 엽서들을 책장에 풍경화처럼 꽂아놓고 나를 맞이한다. 잠깐 쉰 후 가족에게 내가 보낸 엽서를 읽어주며 여행지에서 있었던 일들을 이야기한다.

내게는 목표가 하나 있는데, 딸이 결혼하기 전까지 1천 장의 엽서를 보내는 것이다. 평소 시간이 없어서 또는 조금 꺼렸던 이야기, 부탁하고 싶은 이야기와 함께 외국에서 느낀 생각들을 적어 보내면 아이에게 간접적인 공부도 되고, 아빠의 사랑도 느낄 수 있지 않을까?

프랑스에서의 식사 해결

프랑스 식당은 아침부터 문을 열지 않는다. 또 오후 아무 때나 밥을 먹을 수 있는 곳도 없다. 아침식사를 파는 곳은 호텔 식당이 아니면 타박뿐이다. 호텔의 아침식사가 부담스러운 사람은 타박에서 샌드위치나 달걀 프라이에 커피 한 잔을 하는 것이 좋다.

프랑스 식당은 대개 12~2시까지 영업을 한다. 파리 같은 대도시에서는 오후 2시가 넘어서도 문을 여는 식당이 있지만, 대부분 오후 2시부터는 오후 6시에 시작되는 저녁 영업을 위해 문을 닫는다. 이 사실을 반드시, 꼭 기억하자. 나도 처음에는 이 사실을 깜빡 잊어서 점심식사를 못한 경우도 허다했다. 밥 먹는 일은 여행지에서 아주 중요하다.

그러면 주머니가 가벼운 여행객들을 위해 값이 싼 음식 몇 가지를 소개해 본다.

첫째는 '잠봉 산드위치jambon sandwich'. 프랑스에서는 샌드위치를 '산드위치'라고 부르며, 잠봉은 햄을 의미한다. '잠봉 산드위치'는 딱딱한 바게트를 반으로 갈라 버터를 바른 뒤 빵 사이에 햄 한 조각을 끼워서 먹는 음식이다. 크기가 어른 팔뚝 정도로, 한 끼 요기를 하기에는 충분하다. 음료수가 필요한 사람은 오렌지 주스나 탄산음료, 우유를 곁들이면 된다.

프랑스를 여행할 때 알아두어야 할 한 가지는 물을 사먹어야 한다는 점이다.

프랑스에는 '에비앙Evian'과 '비텔Vittel'이라는 두 가지 상표의 물을 판다. 작은 물 한 병이 콜라 한 캔의 값과 거의 같다. 돈 주고 사 마시기에는 좀 아까운 생각이 들기도 한다. 그러나 프랑스 전국을 돌아다녀보면 그 사정이 이해가 된다.

프랑스는 평지 국가여서 산이 거의 없다. 산이 있는 곳은 스위스 국경 쪽의 알프스 산맥 가까운 곳과 스페인 국경 쪽의 피레네 산맥 가까운 쪽이 전부이다. 남한의 여섯 배 정도 되는 나머지 국토는 거의 평지이다. 구릉이 좀 있지만 우리나라 야산보다 낮고, 그나마도 대체로 노년기 백악질 지형의 돌산이다. 산이 없으니 나무가 없고, 나무가 없으니 흐르는 물이 없다. 한마디로 물이 귀한 나라인 것이다.

에비앙은 알프스 산록에 있는 작은 마을 이름으로, 이 마을의 지하에서 퍼올려 병에 담은 물이라고 해서 '에비앙 생수'라는 상표명을 붙였다. 이 물은 알프스 산맥에 내린 눈과 비가 지하로 스며들면서 만들어진 것으로 우리나라의 약수와 비슷한 원리이다. 빗물과 눈이 녹은 물은 지표면에서 지하로 스며들기까지 약 15년이 걸린다. 15년 동안 지하로 스며들면서 만년설 속에 스며 있는 각종 미네랄을 함유하게 되는 것이다.

크레페를 굽고 있는 아저씨. 꿀을 발라 달콤한 크레페는 한끼 식사로 그만이다.

　200여 년 전 프랑스의 한 귀족이 에비앙이라는 마을을 찾아왔는데, 이곳에 머무르면서 이 지역에서 나오는 물을 마셨고 그 결과 그의 지병이었던 신장결석이 치료되었다고 한다. 그후 에비앙의 물이 약효가 있다고 전해졌고 이 물을 병에 담아 팔기 시작한 것이다. '에비앙 생수'가 본격적으로 판매되기 시작한 것은 1878년이다. 프랑스 정부가 공식적으로 판매 허가를 내준 후 현재까지 1년에 약 13억 리터씩 전 세계에 판매되고 있다.
　나도 프랑스 여행을 할 때는 매일 한두 병의 '에비앙 생수'를 사서 마시지만 솔직히 맛은 별로다. 비텔이라고 하는 소도시에서 생산되는 물도 마찬가지인데, 어떤 사람은 에비앙 물에 원두커피를 끓여 마시면 맛이 끝내준다고 한다. 하지만 물맛은 정말 우리나라가 최고다. 별 맛도 없는 '에비앙 생수'를 식당에서 돈 주고 사먹으려니 손해 보는 기분이지만, 어쩔 수 없이 마실 때는 정말 본전 생각이 난다. 물값에 들이는 돈만도 만만치 않다. 처음에는 밥 먹을 때마다 반드시 한두 병 시켜서 마셨다. 특히 더운 여름철에 프랑스를 여행할 때면 물값 때문에 고민까지 하게 된다.

그러면 프랑스 사람들은 이 비싼 물을 매일 사 마실까? 그렇지 않다. 그들은 그냥 수돗물을 마신다. 그들은 이미 수돗물에 단련이 되어 있어서 상관이 없다. 그러나 외국인이 수돗물을 두 달 정도 그냥 마시면 담석증에 걸릴 위험이 크다고 한다. 물에 석회 성분이 많기 때문이다. 이제는 나도 식당에서 무료로 주는 수돗물을 그냥 마신다. 물값을 아끼기 위해서이다. 여행이 길어봤자 한 달인데 그 정도는 수돗물을 마셔도 별 이상이 없기 때문이다.

자, 다시 음식 얘기로 돌아가보자.

잠봉 샌드위치 다음으로 싸게 먹을 수 있는 음식은 '크레페Crepé'이다. 밀가루 반죽을 구워 꿀을 발라서 주는 빈대떡처럼 생긴 크레페는 가격도 저렴하고 아주 달다. 이것 한 장이면 끼니는 어느 정도 해결할 수 있다.

마지막으로 아침식사를 싸게 해결할 수 있는 곳은 주말이나 일요일 아침에 서는 장이다. 장은 주로 주택가 밀집 구역의 대로변에서 열리는데, 내가 머물렀던 파리 14구의 호텔 앞에도 장이 열려 구경을 갔다. 이 장에서는 치즈, 소시지, 쇠고기, 돼지고기 등 육류와 배추, 무, 피망, 홍당무, 양파 등의 채소와 옷, 심지어 책까지 길거리 좌판에 깔아놓고 팔고 있었다.

한쪽에 큰 솥이 보여 달려가보니 어른 팔로 한 아름이나 되는 양푼에 뭔가 팔팔 끓고 있었다. 통감자와 양파, 양배추를 넣고 간을 맞춰 푹 삶은 음식이다. 싼 가격에 한 그릇 사서 먹어보니 다행히 우리 입맛에 딱 맞았다.

이런 음식은 지방에도 있다. 지방 소도시의 중심에는 주말이면 어딘가 장이 열리고, 그 장 한쪽에서는 즉석에서 음식을 만들어 파는 상인이 있다. 장에 구경 가면 그 지방 음식도 맛볼 수 있을 뿐만 아니라 프랑스 사람들이 살아가는 모습을 진솔하게 느낄 수 있다.

프랑스 음식을 더 이상 먹기 싫다면 일본 라멘 집에 가보자. 오페라 거리 쪽에는 일본 식당이 꽤 많은데, 가게 이름이 한문으로 '大阪(오사카)' 또는 '札幌(삿포로)'이라고 씌어져 있어서 금방 알아볼 수 있다. 오페라 거리는 '일본인 거리'라고 할 정도로 일본 사람들이 많이 살고 있어 일본에서 여행 온 사람들은 주로 이 거리에서 식사를 해결한다. 특히 루브르 박물관 쪽의 오페라 거리에는 일본인 식당이 많아 라멘과 군만두를 쉽게 사먹을 수 있다.

일본 라멘은 비싼 편이지만 우리나라 라면보다 양이 훨씬 많고 입맛에도 맞으니 마땅한 끼니거리가 없으면 그걸로 해결하자. 만일 국물에 밥 한 공기 먹고 싶으면 '라멘 + 밥 세트' 메뉴를 선택하면 된다. 별도로 밥 한 공기를 추가해서 먹을 수도 있다.

그러나 일본 음식도 입맛에 안 맞다면? 그러면 중국 음식점으로 가자. '바닷물 가는 곳에 자장면이 있다'라는 말이 있을 정도로 중국 음식점은 전 세계 곳곳에 널려 있기 때문에 못 찾을까봐 걱정할 필요는 전혀 없다. 내가 프랑스의 중국 음식점에서 자주 시켜 먹는 음식은 '광동사반廣東沙飯'

이다. 이 요리는 우리나라 중국집에서 파는 '볶음밥'이다. 한국인의 입맛에 제격이어서 볶음밥 한 그릇을 먹으면 요기는 물론이고 한국 음식에 대한 갈증도 사라진다.

그리고 마지막으로 한국 식당이 있다. 한국 식당도 파리 시내 도처에 널려 있다. 사모, 오도리, 대원, 국일관, 낙원식당 등. 대부분의 한국 식당은 뒷골목에 자리 잡고 있어 찾아가기가 그리 쉽지 않다. 또 음식 값이 비싸다. 요즘 한국 식당에는 홍어회, 곱창구이, 곱창전골, 떡볶이, 순대 등 한국에서 파는 거의 모든 음식을 팔고 있지만 값이 비싸기 때문에 선뜻 사먹기가 어렵다. 그래도 프랑스에 있는 한국 식당은 런던에 있는 한국 식당에 비하면 저렴한 편이다. 런던의 한국 식당에서 밥을 먹으려면 큰마음을 먹어야 한다.

생 미셸의 달팽이 요리

느닷없이 비가 쏟아진다. 한여름의 소나기다. 소나기를 맞으며 파리의 소르본 대학La Sorbonne으로 걸어갔다. 말로만 듣던 유명한 소르본 거리, 소르본 대학 본부의 캠퍼스는 작은 마당 수준이다. 본래 소르본 대학은 파리대학의 문과대를 가리켰으나 지금 이곳은 문과대와 의과대, 대학본부가 있다. 바닥에 돌이 깔려 있는 캠퍼스 마당에는 『레 미제라블』을 쓴 빅토르 위고와 종두법 배양자 파스퇴르의 동상이 서 있다. 이들이 바로 이 학교 출신이기 때문이다.

강의실에 살짝 들어가보았다. 방학이어서 학생들은 거의 없다. 복도 메모판에는 메모 쪽지를 더 이상 붙이지 못할 만큼 수많은 메모지가 다닥다닥 붙어 있다. 학생들의 바쁜 일상이 느껴진다. 학생들이 없는 캠퍼스 회랑에 서서 내리는 비를 한참 바라보았다. 고색창연한 돌기둥과 우람한 석조 건물이 하늘을 동전만하게 내놓고 버티고 서 있었다. 프랑스 지성을 대표하는 이 학교는 역사와 철학의 고전적인 냄새가 물씬 풍겨 나온다.

소르본 대학 캠퍼스 마당에 서 있는 빅토르 위고의 동상

    소르본 대학 구내를 빠져나와 학교 앞 생 미셀 거리Bd. St-Michel에 있는 문방구에서 학생들이 많이 들고 다니는 가방 하나를 샀다. 딸에게 선물하기 위해서이다.

    어느덧 점심시간이 됐다. 뭘 먹을까? 오늘의 메뉴는 '에스카르고 아 라 부르기뇽Escargot á la Bourguignon'으로 정했다. 바로 달팽이 요리다.

    생 미셀 거리에 있는 생 미셸 카페로 갔다. 오늘의 추천 세트 메뉴가 출입문 앞 칠판에 적혀 있다. 학생이나 가난한 문인들을 상대로 하는 식당이어서인지 값이 싼 편이다. 카페는 점심시간이라 제법 붐빈다. 행인 구경도 할 겸 노천 테이블에 앉았다.

파리에서는 햇빛이 잘 드는 테이블일수록 값이 비싸고, 실내의 으슥한 곳일수록 값이 저렴하다. 우리나라 사람들은 구석진 곳을 좋아하지만 햇빛이 귀한 이 나라에서는 그 반대다. 노천 테이블에 앉아 지나가는 파리지엔의 패션을 보는 것도 쏠쏠한 재미가 있다.

계획했던 대로 달팽이 요리를 시켰다. 언젠가 한국에서 제일 큰 호텔 레스토랑에서 달팽이 요리를 먹은 적이 있다. 그때는 이 음식이 무슨 맛인지 알 수 없었다. 그때의 기억이 떠올라 '혹시 달팽이 요리의 본고장에 와서도 실패하는 것은 아닐까?'라는 우려도 되었지만 우선은 씩씩하게 달팽이 요리를 주문했다.

달팽이 요리가 나왔다. 접시 위에 십여 개의 달팽이가 놓여 있었다. 집게로 속살을 끄집어내 씹어보았다. 오우, 이렇게 맛있을 수가! 살이 부드럽고 짭조름하면서 매끄러운 것이 입 안에서 살살 미끄러진다. 과연 본고장이 맛이다. 마카오에서도 달팽이 요리를 먹어본 적이 있는데 맛은 그와 비슷하고 모래가 씹히는 통에 고생한 기억이 있다. 그러나 이곳의 달팽이 요리는 그런 것도 전혀 없다. 비록 가난한 대학생과 문인들을 상대하는 대학가의 식당이지만 요리 자체는 신실信實하고 맛이 있다. 양이 차지는 않았지만 달팽이 요리 한 접시를 후딱

생 미셸 카페의 달팽이 요리

다 비웠다. 달팽이 요리를 먹으면서 시테 섬으로 건너가는 행인들을 바라본다. 패션이 각양각색이다. 개성이 철철 넘친다. 내 식대로 내 삶을 살아간다는 당당한 태도들이다.

냅킨으로 손을 닦고 나오면서 종업원에게 외쳤다.

"메르시 보꾸, 세비앙(감사합니다. 좋은 시간 되세요)!"

카페 오 되 마고와 카페 드 플로르

밥을 먹었으니 어디 가서 차라도 한 잔 마셔야겠다. 생 미셸 거리에서 5분쯤 걸어가면 생 제르맹 데 프레 거리Bd. St-Germain-des-Prés이다. 이곳은 주로 여성 의류와 구두 등 패션용품을 파는 패션의 거리이자 철학자와 교수들이 많이 오는 곳으로 유명하다.

파리에서 제일 오래된 생 제르맹 데 프레 성당 앞의 큰길가에 유명한 카페 오 되 마고와 카페 드 플로르가 있다. 프랑스에 가면 한 번 정도 그 카페에서 에스프레소 커피를 한 잔 시켜놓고 메모도 하고 엽서도 쓰면서 지나가는 사람 구경을 한다.

카페 혹은 비스트로는 프랑스의 명물이다. 프랑스의 문화는 카페에서 탄생했다는 말이 있을 정도로 카페는 토론과 대화의 장소이다. 그래서 카페는 루브르 박물관, 프랑스 요리와 더불어 프랑스의 3대 문화에 들어간다.

그러면 프랑스 식당에 대해 알아보자. 프랑스에는 레스토랑, 브라스리,

비스트로, 카페와 같은 식당이 있다.

'레스토랑Restaurant'은 저렴한 가격의 음식을 파는 곳에서부터 세계 최고의 음식을 자랑하는 고급 레스토랑까지 수준이 다양하지만 반드시 예약을 하고 정장을 입고 가야 한다. '브라스리Brasserie'는 원래 '맥주 홀'이라는 의미로 레스토랑에 비해 가격이 저렴한 대중 레스토랑이다. 브라스리보다 규모가 작고 가정적인 분위기의 대중음식점을 '비스트로Bistrot'라고 부른다. 이는 거리에서 흔히 볼 수 있는 식당으로, 입구 쪽 칠판에 'Plat du jour(여행객을 위한 추천 메뉴)'라고 씌어져 있다. 이 요리는 가격도 저렴하고 맛있다. '카페Café'는 언제라도 부담 없이 들를 수 있는 곳이다. 카페로 유명한 거리는 파리 시내에도 여러 곳 있지만 '생 제르맹 데 프레 거리'야말로 카페 1번지라고 할 수 있을 것이다. 말로만 듣는 것보다 직접 가봐야 그 분위기를 제대로 느낄 수 있다. 그러니 프랑스에 가면 종류별로 한 군데씩 꼭 가보기를 권한다.

카페 오 되 마고Café Aux Deux Magot는 젊은 시절 기병 장교였던 나폴레옹이 술을 마시고 돈이 없자 모자를 맡기고 나간 장소로도 유명하고, 왕년의 유명한 화가들이 자주 드나들던 전통 있는 카페로도 유명하다. 1907년에는 이 카페에서 피카소와 브라크가 자주 만나 큐비즘Cubism, 즉 입체파라는 새로운 미술 사조를 탄생시키기도 했다.

카페 오 되 마고 옆에는 카페 드 플로르Café de Flore가 있다. 이 카페에는 1950년대 파리의 철학자와 대학 교수들이 자주 모였다. 사르트르와 보부아르가 차를 마시며 토론하고 집필도 했던 곳, 여기가 바로 실존주의의 산실인 것이다.

점심시간 무렵이면 카페 드 플로르는 북적댄다. 가게 앞의 노천 테이블은 관광객들로 이미 만원이고, 실내에도 자리가 없다. 그만큼 유명하다는 얘기다. 실내로 들어가니 티크로 된 식탁과 의자, 등받이가 고전적인 분위기를 풍기고 있고, 천장에서는 실링팬이 천천히 돌고 있다. 한쪽 구석에 사르트르가 앉았던 자리가 있다. 조그마한 2인용 식탁과 그 식탁을 가운데에 두고 한쪽은 쿠션이 있는 등받이 의자, 한쪽은 나무 의자가 마주 보고 있다. 그 자리로 가려고 했는데 이미 손님이 앉아 있다. 사르트르가 앉아서 담소하던 그 자리는 커피값이 세 배쯤 더 비싸지만 손님들은 기꺼이 돈을 내고 그 자리에 앉는다. 대철학자의 온기를 느껴보려는 것일 게다.

사르트르는 그 자리에 앉아 40대를 보내면서 집필과 토론을 하고 마담 보부아르와 연애와 계약결혼도 하면서 그의 실존주의를 완성했다. 『말』, 『구토』 같은 작품을 써서 세계인의 주목을 받았으나 레지옹 도뇌르 훈장이나 아카데미 프랑세스 회원, 노벨상 수여는 거부했다. '프랑스에는 석유가 없다. 그러나 사상이 있다.' 사르트르는 아마 이 말이 대표적으로 적용되는 프랑스의 사상가일 것이다.

몽파르나스 국립묘지에 있는 사르트르의 묘

지금 사르트르는 몽파르나스 국립묘지에 누워 있다.

카페 드 플로르를 나와 그 근처에 있는 카페 오 되 마고로 갔다.

1980년 3월의 어느 날 지스카르 데스탱 대통령은 엘리제 궁을 빠져나와 이 카페에 왔다. 당대 문학 비평가이자 언어 기호학자인 롤랑 바르트와 점심 약속을 했기 때문이다. 우리나라 대통령이 점심식사를 하기 위해 사람이 붐비는 대중식당에 온다는 것은 상상할 수 없는 일이다. 이게 바로 프랑스의 매력인 것이다. 더구나 상대가 야당의 당수도 아니고 비평가이며 언어 기호학자라니!

그 당시 외신을 통해 이 소식을 전해들었을 때의 느낌은 한마디로 신선한 충격이었다. 두 사람은 프랑스어를 어떻게 하면 더 아름답게 만들 수 있는가에 대해 밥을 먹으며 토론하고 헤어졌다고 한다.

카페 오 되 마고에서 에스프레소 커피 한 잔을 주문했다. 프랑스에서 누릴 수 있는 멋 중 하나는 에스프레소 커피와 '지땅' 담배이다.

커피는 종류가 워낙 많지만 파리나 로마에 가면 에스프레소 커피를 한 잔쯤 마셔보아야 한다. 에스프레소 커피는 소주잔만한 작은 커피잔에 커피의 진액을 반쯤 채워주는 아주 독한 커피다. 이 커피는 기름기가 많은 음식을 먹고 난 후 마시면 더부룩한 속이 편해지는 효과가 있다. 특히 잠이 쏟아질 때 한 잔 마시면 정신이 번쩍 든다. 지땅은 프랑스에서 판매되는 담배 중에서 가장 독한 담배이며, 특히 필터 없는 지땅 담배는 상당히 독한 편이다.

그러나 요즘은 에스프레소 커피나 지땅 담배의 수요가 점점 줄어들고 있다. 프랑스의 젊은이들은 '말보로 라이트'같은 외제 담배를 많이 피우고, 포도주보다는 맥주를, 에스프레소 커피보다는 아메리칸 커피를 더 즐기기 때문이다.

어느덧 생 제르맹 데 프레 거리에 황혼이 드리워졌다. 차들이 분주하게 달리는 이 황혼의 거리. 100년 전에는 이 거리에 승합마차가 달리고 가스등이 늘어서 있었을 것이다.

파리 외방 전교회에서

뤼 뒤 박Rue du Bac에 간다. 뤼 뒤 박은 불어로 '나루터'라는 뜻이다. 파리 시내 중심가로 과일 가게가 있고, 약국, 상점들이 늘어선 거리이다.

이 거리에는 대충 지나치면 눈에 잘 띄지 않는 작은 나무 대문의 2층 건물이 하나 있다. 뤼 뒤 박 128번지, 파리 외방 전교회Société des Missions Étrangères de Paris이다. 대문을 열고 들어서자 끝이 뾰족한 첨탑의 성당이 보인다. 그 성당을 지나쳐 출입문을 통과하면 파리 외방 전교회의 본관으로 들어

뤼 뒤 박 128번지, 파리 외방 전교회의 본관 건물

갈 수 있다.

본관은 5층의 긴 석조 건물이다. 파리 외방 전교회는 1800년대 아시아에 선교 신부들을 많이 파견했다. 일반인들도 이곳에 들어갈 수 있지만 여기까지 찾아오는 여행자는 아주 드물다.

본관에 들어섰다. 천장은 높고, 2층으로 올라가는 계단의 벽에 아시아 지역의 대형 지도가 걸려 있다. 이 지도가 의미하듯 파리 외방 전교회는 1658년 교황 비오 10세가 아시아 지역 선교를 위해 설립한 단체이다. 1660년 태국에 열일곱 명의 선교사를 보낸 것을 시작으로 지금까지 수천 명의 선교사들을 아시아로 보냈다. 지금까지 파리 외방 전교회는 170명의 순교자를 냈는데, 이 중 스물다섯 명이 조선에서 순교했다고 한다. 현재 파리 외방 전교회의 회원은 약 400명이며, 이들은 지금도 여전히 아시아 지역의 복음 전파를 위해 노력하고 있다. 그 중에는 한국인 신부도 십여 명 정도 있다.

1층 순교자의 방에 들어서니 놀랍게도 한국말로 안내 방송이 나온다.

"이곳은 파리 외방 전교회의 심장이라고 할 수 있는 순교자의 방입니다."

그만큼 파리 외방 전교회는 한국에 관심이 많다. 아시아 지역에서 가장 성공적으로 천주교를 전파한 곳이 한국이기 때문이다. 일본에는 1500년대 중엽부터 천주교를 전파했지만 지금까지도 천주교 신자와 개신교 신자는 전 인구의 5퍼센트가 안 되고 불교와 신도神道 신자가 압도적이다. 중국의 경우는 공산화된 이후 천주교 신자가 아예 없어졌다고 해도 과언이 아니다. 또 인도네시아나 말레이시아는 아직도 대부분 회교를 믿고 있고, 인도 역시 힌두교가 맹위를 떨치고 있다. 그에 비해 한국에서는 천주교가 성공적으로 자리잡고 있어 로마의 교황도 한국에 대해서 특별한 애정과 관심을 갖고 있다.

순교자의 방에 있는 유품들은 대부분 조선, 일본, 중국에서 순교한 신부들의 유품이다. 입구에 걸려 있는 대동강 유역의 풍경화가 눈길을 끈다. 누가 그렸는지는 알 수 없지만 붓끝이 꽤 섬세하다. 안으로 들어가니 중국에서 순교한 신자들의 사진이 여러 장 붙어 있는데 그들이 누구인지 알아보기 힘들었다. 그리고 그 옆에는 1500년대에 일본에서 천주교 신자들을 색출할 때 쓰던 물건이 몇 점 전시되

1500년대 일본에서 천주교 신자를 색출하기 위해 사용한 후미에

어 있다. 그 중 눈길을 끄는 것은 '후미에'였다. 후미에는 가로 20센티미터, 세로 30센티미터 정도의 동판으로, 이 물건에는 예수의 얼굴이 그려져 있다. 당시 일본 조정의 관리들은 천주교 신자를 색출할 때 예수의 얼굴이 그려진 이 후미에를 밟으라고 한 뒤 밟지 못하는 사람들은 사형시켰다고 한다. 믿음이 두터워서 차마 예수의 초상을 밟을 수 없는 천주교 신자들의 마음을 이용한 것이다. 그때 순교한 신자의 수는 600여 명에 이른다. 많은 사람에게 밟혀 예수님의 코는 닳고 닳아서 문드러져 있다.

후미에 옆에 있는 회중시계 또한 눈길을 끈다. 그 회중시계는 앙투안 공

베르(1875~1950) 신부가 쓰던 것이다. 앙투안 공베르 신부는 프랑스 남부의 캄블라제 출신으로, 파리 외방 전교회 소속의 신부가 되어 1900년 10월에 우리나라에 와서 평생을 한국에서 살다 죽었다.

앙투안 공베르 신부의 첫 부임지는 경기도 안성이다. 당시 그가 안성에 부임했을 때는 신자가 한 명밖에 없었다. 그는 곧 그곳에 천주교 성당(오늘날의 안성 구포동 성당)을 짓고 32년 동안 살면서 천주교를 전파하고 안법고등학교를 설립했다. '안법安法'이라는 말은 안성의 '안'자와 프랑스를 지칭하던 법국의 '법'자를 딴 것이었다.

우리나라에 최초로 포도나무를 가져다 심은 것도 앙투안 공베르 신부의 공로이다. 당시 신부는 미사용 포도주를 조달하고 궁핍한 안성 농민의 부업을 위해 32종의 포도나무를 프랑스에서 가져다 심었는데, 그 중 머스컷Muscut(불어로는 '무슈꺄'라고 한다)과 부라쿠라는 두 종류가 살아남아 오늘날 안성을 포도 고장으로 널리 알려지게 만들었다. 그러나 공식 문서에는 한국에 서양의 포도가 전래된 때를 1906년으로 기록하고 있어 앙투안 공베르 신부의 공적은 인정받지 못하고 있다.

앙투안 공베르 신부는 3·1 운동 때는 일본 경찰에 쫓기던 한국의 의병 120명을 사제관 지하실에 숨겨주었고, '배우는 것이 힘'이라며 유치원, 고등학교를 설립했다. 그러다가 한국 전쟁 당시 인민군에 의해 납북되어 1950년 11월 12일 평안북도 중강진에서 추위와 굶주림으로 사망했다.

순교자의 방에 전시되어 있는 회중시계가 바로 그 앙투안 공베르 신부가 쓰던 것이다. 회중시계는 8시 5분을 가리키고 있다.

앙투안 공베르 신부의 행적을 찾아

나는 순교자의 방에서 나와 본관 건물 2층에 있는 고문서실로 올라갔다. 한국에서 50년을 산 앙투안 공베르 신부는 여러 통의 편지를 써서 안성 생활을 파리 외방 전교회에 보고했다고 한다. 그래서 그 편지를 찾아보면 뭔가 단서를 찾을 수 있지 않을까 해서였다.

고문서실에는 지난 몇백 년간 세계 각지, 특히 아시아에 파견 나가서 현지 사정을 보고한 신부들의 편지가 수천 권의 파일로 보존되어 있다. 그러나 모든 문서는 불어로 기록되어 있어 도무지 내 능력으로는 확인할 길이 없었다. 고문서실을 담당하고 있는 프랑스인 퀴니 신부도 그 많은 문서 중에서 어떻게 앙투안 공베르 신부의 편지를 찾아낼지 난감해 했다. 그러다 마침 파리 외방 전교회에 천주교의 교리와 교회의 역사, 상인들의 일대기 등을 연구하기 위해 한국에서 신부 열 명이 와 있다며 그들을 만나게 해주었다. 나는 이들의 도움을 받아 앙투안 공베르 신부가 보낸 편지 몇 통을 찾을 수 있었다.

그 중 하나는 앙투안 공베르 신부의 일기였다. 거기에는 이런 내용이 있었다.

……6년 동안 내 활동은 단순했다. 주변에 그리스도인의 씨앗들을 뿌려나갔다…… 값을 따지지 않고 약을 나누어주었더니 온갖 병을 가진 이들이 하나 둘 나에게 다가왔다. 많은 사람의 고통을 덜어줄 수 있어서 다행스러웠다…… 노동자의 자녀들이 우리 집을 찾아와 놀기도 하고 내가 뜰에 심은 과일나무 열매를 따먹기도 했다…….

여기에 나오는 유럽의 과일나무는 무엇일까? 포도일까, 아니면 다른 과일일까? 답은 또 다른 일기에 나와 있었다.

……한 가난한 부인이 스무 살 된 청년을 데리고 왔는데 그 청년은 폐병으로 죽어가고 있었다. 청년은 극도로 야위었고 창백했으며 목소리는 꺼져가고 있었다…… 그는 열이 나서 헐떡거리는 목을 시원하게 하고 싶으니 포도 한 송이를 달라고 했다. 나는 그를 내 옆에 앉게 하고, 그가 포도를 맛있게 먹는 동안 우리는 서로 얘기를 나누었다…….

앞의 일기에서 신부가 지칭한 과일나무가 포도나무라는 것을 확인할 수 있었다. 폐병에 걸린 청년이 목이 말라 포도 한 송이를 달라고 했고 신부는 그걸 기꺼이 주었다는 내용이다.

신부가 폐병 걸린 청년에게 포도를 주었다는 해는 언제일까? 일기의 다음 내용에 그 연도를 짐작할 수 있는 말이 나온다.

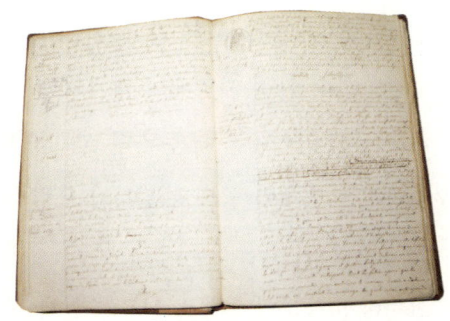

파리 외방 전교회에 보관되어 있는 앙투안 공베르 신부의 일기

……지난여름에는 황제가 강제로 임금의 자리에서 물러나게 되었으며, 이에 서울 군인들이 저항하는 일이 일어났다. 그 결과 일본군의 무차별적인 학살이 일어났으며 지방에서는 군중들이 분노하여 폭동을 일으켰다. 특히 안성시에서 폭동이 처음 일어났다…….

'지난여름의 사건들', 즉 황제의 강제 양위는 일본의 압력 때문에 1907년 고종이 순종에게 왕위를 강제로 넘겨준 사건을 말한다. 그러니 앙투안 공베르 신부가 폐병 걸린 청년에게 포도를 따서 준 해는 바로 1907년인 것이다.

포도는 나무를 심은 지 최소한 3년이 되어야 열매가 열리는 과일이다. 1907년에 포도를 먹었다는 얘기는 최소한 1904년에 포도나무를 심었다는 말이다. 그렇다면 1906년이라고 기록되어 있는 공식 문서는 잘못된 것이다.

오늘날까지 안성 지역에서 재배되고 있는 머스컷과 부라쿠 포도나무. 얼마 전부터 안성에는 거봉이 더 많이 재배되고 있지만, 머스컷과 부라쿠 포도나무는 앙투안 공베르 신부가 프랑스에서 가져와 심었다는 것이 촌로村老들의 증언이다.

그렇다면 앙투안 공베르 신부는 언제 프랑스에서 포도나무를 가져왔을까? 이 궁금증을 풀기 위해 우리는 고문서실에서 관계 문헌을 뒤졌지만 자료가 너무 많아 쉽게 찾을 수 없었다. 앙투안 공베르 신부의 편지 속에도 언제, 어떤 경로로 포도 묘목을 가져왔는지에 대한 이야기는 적혀 있지 않았다.

나는 앙투안 공베르 신부의 행적을 조사해 보았다. 그의 나이 25세인 1900년에 그는 프랑스를 떠나 줄곧 안성에서 살다가 1925년 50세 때 장조카의 결혼식에 다녀오기 위해 고향인 남프랑스의 캄블라제에 처음이자 마지막으로 방문한 것으로 되어 있다. 그렇다면 그는 1900년 안성에 처음 도착했을 때 이미 포도 묘목을 가지고 왔다는 얘기가 된다. 그러나 아직 속단하기에는 이르다. 나는 이 궁금증을 풀기 위해 파리 외방 전교회의 원장 신부인 제라드 신부의 방을 찾았다. 제라드 신부는 올해 77세로 파리 외방 전교회의 살림을 책임지고 있다.

신부의 방에 들어서니 낯익은 그림이 눈에 띈다. 가까이서 보니 충남 공주 마곡사 대웅전의 봄 풍경이다. 파리의 한복판, 그것도 천주교를 아시아에 전파한 파리 외방 전교회 본부의 중책을 담당하고 있는 원로 신부의 방에 우리나라 사찰의 봄 풍경이 걸려 있다니, 왠지 좀 이채롭다. 한국 풍경화를 걸어놓은 이유를 물으니 제라드 신부도 1959년부터 1963년까지 공주의 한 성당에서 사목司牧 활동을 했다고 한다.

신부의 한국말이 유창하다. 한국을 떠난 지 오랜 세월이 지났는데도 한국말이 유창한 이유를 물었다.

"우리나라인 한국을 잊지 않기 위해 저는 지금도 매일 한국어를 공부한답니다."

신부가 한국을 '우리나라'로 말하는 것을 듣고 깜짝 놀라 물었더니 그는 한국을 자신의 조국으로 생각하고 있다고 했다. 참 놀라운 일이었다.

제라드 신부의 방에 있는 족자 한 폭이 눈길

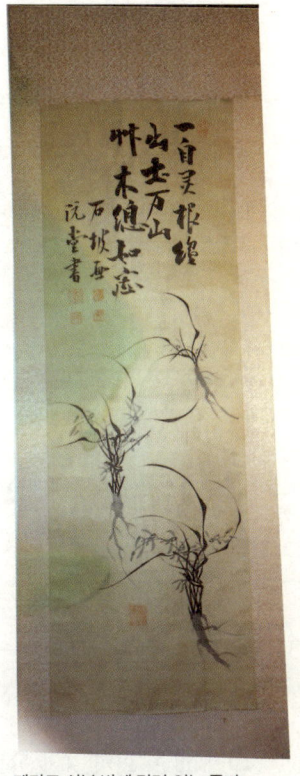

제라드 신부 방에 걸려 있는 족자

을 끈다. 홍선 대원군 이하응이 난을 치고, 추사 김정희가 붓글씨를 쓴 진품이다. 대원군은 추사를 너무 흠모한 나머지 그에게 붓글씨와 난을 배웠는데, 두 사제가 어울려 난을 치고 글씨는 쓴 귀한 유물을 뜻밖에 파리 한복판에서 보다니 놀랍기 그지없다. 제라드 신부가 1963년 한국을 떠나올 때 누군가가 선물로 준 것이라는데 그 이름을 물어보니 끝내 대답을 하지 않았다.

진품 족자 옆에는 장면張勉 선생(1899~1966)의 붓글씨가 한 폭 걸려 있었다. '모름지기 일을 도모할 때는 하늘의 뜻에 따라야 한다'라는 내용의 한문 족자였다. 장면 선생과 제라드 신부는 상당한 친분이 있었다고 한다. 장면 선생은 독실한 천주교 신자였고, 5·16 거사가 일어나던 날에는 수유리의 라크멜 수녀원으로 피신하기까지 했다. 제라드 신부의 책상에는 정일권 국무총리가 선물한 문방사우 세트가 옻칠함에 담겨져 있었다. 책상은 어찌나 정리정돈이 잘 되어 있고 고아한지 제라드 신부의 성격이 대번에 느껴진다.

제라드 신부에게 앙투안 공베르 신부의 포도에 대해 물어보았다. 그는 다음과 같이 대답했다.

파리 외방 전교회는 1910년이 되어서야 아시아 지역에 선교하러 가는 신부들이 갖고 가야 할 지참물 매뉴얼을 정했다. 그 이전에는 각자 필요하다고 생각되는 물품을 알아서 가지고 나갔다고 한다. 그러므로 1900년 8월에 파리 외방 전교회를 떠나 한국으로 간 앙투안 공베르 신부는 순전히 자의적인 판단에 따라 필요한 물건을 가져갔을 것이다. 선교를 떠나는 모든 신부의 공통적인 고민 중 하나는 바로 예수님의 피인 미사주, 즉 포도주를 어떻게 조달할 것인가였다. 제라드 신부도 그러했고, 그 시절의 앙투안 공베르 신부도 당연히 그런 생각을 했을 것이다.

현재 구포동 성당의 주임 신부인 이상돈 신부의 조사에 따르면, 당시 앙투안 공베르 신부는 마차로 두 대분의 짐을 가지고 왔는데 그 짐 속에는 성당을 지을 경우를 대비해서 성당 문의 손잡이까지 있었다고 한다. 그 정도로 철저했으니 미사주를 생산하기 위한 포도 묘목 정도는 당연히 가지고 왔을 것이라는 판단이다. 이 점에 대해서는 제라드 신부도 동의했다.

앙투안 공베르 신부가 가지고 왔던 32종의 포도나무. 그 포도나무 중에서 살아남은 머스컷과 부라쿠, 궁금한 게 너무나도 많다. 앙투안 공베르 신부의 고향 캄블라제에 꼭 가보리라 다짐했다.

몽마르트르 언덕에서의 시가 한 대

파리의 북쪽 외곽에 있는 몽트뢰유 알비옹 호텔에서 잠을 깼다. 8층짜리 알비옹 호텔은 별 두 개짜리 중급 호텔로 객실이 많다.

9시 즈음 2층에 있는 호텔 식당으로 내려가니 넓은 식당에서 백여 명의 관광객이 식사를 하고 있었다. 모두 스페인 사람들로, 단체로 관광 온 모양이다. 알비옹 호텔은 주로 단체 관광객이 많다. 그래서 나는 이 호텔을 되도록 피하는데 이번에는 어쩔 도리가 없었다. 한여름 휴가철이었고, 비행기 표가 없어 여행사 패키지를 이용할 수밖에 없었기 때문이다.

식당에는 배식대가 있다. 수도꼭지가 달린 스테인리스 통에는 커피와 코코아가 담겨 있고, 유리 주전자에 우유가 들어 있다. 그리고 그 옆에는 바게트와 달팽이빵이 놓여 있다. 커피를 한 잔 가득 채우고 바게트 두 개를 쟁반에 담아 빈자리에 가서 앉았다. 16인용의 기다란 탁자에 스페인에서 온 일가족이 앉아 있다. "부에노스 디아스" 하고 스페인어로 아침인사를 하자 일가족은 어리둥절해하며 미소를 짓는다.

그들 곁에 앉았다. 스페인 아줌마에게 어디서 왔느냐고 물었더니 '톨레도 Toledo'에서 왔다고 한다. 톨레도라면 강철이 유명한 곳이다. 톨레도의 칼은 과거 중세 시대에 매우 알아주던 검이다. 내가 칼을 뽑는 시늉을 해보였더니 그들이 화들짝 좋아한다.

천막을 치고 좌판에 물건을 늘어놓은 몽트뢰유의 벼룩시장

자, 오늘은 어디로 가볼까? 나는 파리에 오면 언제나 몽마르트르 언덕 Montmartre에 간다. 오늘도 몽마르트르 언덕에 가려고 지하철 역으로 갔는데 호텔 앞에 벼룩시장이 섰다. 오늘이 일요일인가? 생각해 보니 그렇다.

벼룩시장은 대체로 토요일과 일요일에 열린다. 파리에서 벼룩시장이 서는 대표적인 곳은 몽트뢰유Montreuil와 클리낭쿠르Clingnancourt다. 요즘 클리낭쿠르는 건물을 현대적으로 지어서 그 맛이 사라졌지만, 몽트뢰유의 벼룩시장은 그야말로 벼룩시장답게 천막을 치고 그 아래 좌판을 늘어놓았다.

무엇을 파는지 궁금해서 안으로 들어가보았다.

헌책 좌판, 수백 가지의 향수와 빈 향수병, 칼·가위·도마 등 부엌용품,

운동화 등 신발류, 헌옷, 그림이 담겨 있는 액자, 향로, 나무로 깎은 말조각 등 모든 잡동사니가 다 있다. 옷이나 운동화는 값이 싸지만 골동품처럼 보이는 물건은 결코 싸지 않다. 그러나 이 물건들의 값은 흥정할 수 있다. 장사꾼들의 상당수는 아랍인이기 때문에 프랑스 사람보다는 융통성이 있다.

프랑스 아줌마들이 열심히 옷가지를 뒤적이고 있다. 아줌마는 어느 나라나 다 살림꾼이다. 남편의 박봉을 쪼개서 자식들하고 살아보겠다고 열심이다.

동양 나그네가 어슬렁거리는 것이 신기한지 장사꾼들이 나를 쳐다본다. 때는 한여름, 가벼운 운동화를 하나 사서 갈아 신었다. 구두를 벗고 운동화를 신으니 발이 날아갈 듯하다.

벼룩시장을 한 바퀴 둘러보고 몽마르트르 언덕으로 출발했다. 피갈 광장에 내려 사크레 쾨르 성당Basilique de Sacré-Coeur이 올려다보이는 몽마르트르 언덕길을 걸어서 올라간다. 가파른 언덕길 양 옆으로는 기념품 가게가 즐비하다. 그림엽서, 파리의 명물이 날염된 티셔츠, 접시, 키홀더, 컵 등 물건이 다양해 언덕을 오르는 재미가 쏠쏠하다.

몽마르트르 언덕에 올라 우람한 사크레 쾨르 성당 앞 계단에 앉는다. 파리 시내가 한눈에 내려다보인다. 성당을 오르는 계단에는 언제나 많은 사람이 앉아 파리 시내와 그 시내 위를 떠다니는 구름을 바라보고 있다. 그들 눈앞에 펼쳐진 곳은 자유로운 영혼들이 사는 곳, 자기 생각과 자기 의지대로 생각하고 상상력을 펼칠 수 있는 땅이다.

파리 시내가 한눈에 내려다보이는 몽마르트르 사크레 쾨르 성당 앞의 계단

여기 앉아 먼 동방의 나라, 나의 조국 한국을 생각한다. 전쟁도 지겹게 많이 겪었고, 1960년대에는 '증산', '수출', '건설'이라는 구호와 '총력안보', '총력수출' 이라는 군대식 슬로건을 내걸고 모든 국민이 열심히 일했다. 여공들은 가발을 만들어 외국에 내다 팔았고, 우리 아버지, 형님들은 월남 전쟁에 목숨 걸고 싸워서 돈을 벌어왔다. 외국의 대통령이 우리나라

를 방문할 때면 중학생들은 서소문 네거리에 나가 그 나라의 깃발을 흔들어주어야만 했다. 남대문 옆 대한무역진흥공사의 옥상 전광판에는 '오늘의 수출액, 현재까지의 누계'가 집계되어 있었다. 1970년대 시민들은 버스를 타고 지나가면서 매일 그 숫자를 읽었다. 그 무렵 대통령은 먹고 사는 게 우선이니까 자유를 좀 저당잡자고 했고, 진보적 지식인들은 거기에 저항했다.

1970년대의 나의 대학 생활은 한마디로 엉망진창이었다. 입학하던 첫해부터 휴교의 연속이었다. 대통령이 이른바 유신을 단행한 직후였기 때문이었다. 매일 데모였다. 데모를 하던 친구들 중 감옥에 간 친구도 있고, 학교에서 제적당한 친구도 있다. 그 와중에 군대를 갔더니 병장 때 부마민주항쟁釜馬民主抗爭이 터졌다. 그때 나는 얼떨결에 폭동 진압조의 분대장이 되어 매일 소총에 대검을 끼고 데모 군중을 찌르는 훈련을 했다. 며칠 뒤에는 대통령이 죽었고, 12·12 사태가 터져 전군에 비상이 걸렸다. 간신히 제대를 하고 복학해 보니 이번에는 광주민주화운동이 벌어졌다. 도대체 어떻게 대학을 다녔는지 모를 지경이었다. 거기서 4년 동안 뭘 배우고 나왔는지도 잘 기억이 나지 않는다.

이 자유의 언덕, 예술의 언덕에 앉아 그런 생각을 하니 가슴이 더워온다. 그것이 어디 나뿐이겠는가. 나와 동시대를 살았던 수많은 사람이 그렇게 어렵게 살아왔다.

소설 『순교자』를 쓴 김은국은 그의 소설 첫 장에서 '한국이라는 엄폐호에서 나를 탈출시켜 준 알베르 카뮈에게 감사드린다'라고 썼다. 나는 그의

'한국이라는 엄폐호'라는 말에 동감한다. 그는 지적·사상적인 면에서 한국을 엄폐호掩蔽壕, 함몰된 지역쯤으로 보았을 것이다. 빗발치는 수류탄과 총알을 피하기 위해 엎드려 있는 곳, 엄폐호. 1970년대에는 수많은 사상과 지식의 편린들이 한반도 상공을 그냥 통과해 버렸다. 학생들은 그 엄폐호에서 루카치의 책을 어렵게 구해 읽었고, 막걸리 집에서 러시아 민요「스텐카 라진」을 숨죽여 불렀다. 시인 김지하는 감방을 애인 집 삼아 바쁘게 드나들었고, 김민기와 한대수의 노래는 여차하면 판금販禁되었다.

양성우의 시집 『겨울공화국』을 카운터 밑에 숨겨놓고 팔던 다방 종업원은 급습한 형사대에 체포되어 졸지에 자유투사가 되었고, 리영희의 『전환 시대의 논리』와 신동엽의 시집 『금강』은 나오자마자 판매금지, 덩달아 C. 라이트 밀스의 『사회학적 상상력』도 판매금지 대열에 올랐다. 요즘 중국을 알아야 한다고 난리를 치지만, 그때는 리영희의 『8억 인과의 대화』나 김상협의 『모택동 사상』을 읽고 있으면 위험한 학생으로 분류되었다. 그러니 마르크스나 헤겔의 저서를 읽는다는 것은 꿈도 꾸지 못할 일이었다.

프랑스에서는 사르트르와 같은 우파 지식인이 카페 드 플로르에 앉아 자유롭게 토론을 하고, 좌파 지식인이 카페 오뎃사에 모여 자유롭게 토론을 하고 있을 때, 우리나라의 지식인들은 무교동 순대국집이나 청진동 경원집, 학교 앞 개미집에 앉아 빈대떡에 막걸리만 마시고 있었다. 당시 감옥에 있었던 소설가 송기원은 어머니가 돌아가셨어도 초상을 치를 수가 없었다. 할 수 없이 천승세, 이문구, 김주영, 김성동, 윤재걸과 동료 선후

배 150여 명이 모여 밤을 새우는데, 반골들이 대거 모였다며 사이렌 소리를 요란하게 내며 경찰서 형사대가 급파됐다. 이제 그 친구들은 은행 지점장, 출판사 사장, 대학 교수, 신문 기자, 작가 심지어는 외인부대원이 되어 사회생활을 하고 있다. 지금은 지나온 세월이 마치 꿈처럼 느껴진다.

내가 파리에 올 때마다 이 언덕에 오게 되는 이유를 모르겠다. 처음에는 워낙 유명한 곳이라고 하기에 발길을 옮겼지만 그 뒤로는 왜 이 언덕에 오게 되는지 잘 모르겠다. 이 언덕에 와서 가만히 앉아 있으면 왠지 행복해진다. 사람들이 이 계단에 수백 명씩 망연자실하게 앉아 있는 이유도 나와 같지 않을까?

이 계단에서는 언제나 퍼포먼스가 벌어진다. 일본 청년이 닌자 복장에 검은 두건을 쓴 채 몽마르트르 계단을 오르는 사람 뒤로 살금살금 다가가 놀라게 하는 행위 예술을 보여주었다. 계단에 앉아 있던 관광객들은 그 광경을 보고 낄낄대며 박수를 쳤다. 퍼포먼스가 끝난 후 관객들은 행위 예술가에게 몇 푼의 동전을 던져주었다.

성당 앞에는 온몸에 하얀 칠을 한 배우가 석고상처럼 눈감고 있다가 깡통에 동전이 떨어지는 소리가 들리면 눈을 반짝 뜨고 함박웃음을 지으며 동전 기부자와 함께 기념사진을 찍어주고 있다. 또 인도 사람은 계단 아래에서 하프 연주를 한 시간쯤 해준 뒤 관광객이 주는 동전을 받아쥐고는 총총히 사라졌다. 누구의 제지도 받지 않고 나름대로 준비한 것을 사람들에게 보여주고 있는 모습이 매우 보기 좋았다.

그 계단을 올라 성당 왼쪽을 돌면 테르트르 광장Place du Tertre이 나온다. 그 광장 한가운데에는 카페가 있고, 수십 명의 거리 화가들이 그 카페의 담장을 끼고 앉아서 초상화를 그리고 있다.

실제로 몽마르트르 언덕이 유명한 것은 테르트르 광장의 화가들 때문이다. 사실 그들은 예술도 아닌 그저 판에 박힌 모사화 몇 장 그려주고 끼니를 때우는 부류지만 어쨌든 그들이 있기에 파리는 더 아름답다.

오늘날 이곳에 자리 잡은 무명의 화가들이 엉터리 초상화 한 장 그려주고 돈을 벌 수 있는 건 그들의 선배격인 고흐나 로트레크, 피카소, 모딜리아니 등이 이 근처에 살았기 때문이다. 본래 이곳은 파리에서도 변두리로, 풍차가 돌아가는 시골이었다고 한다. 그래서 집세가 싼 이곳에 가난한 화가들이 많이 모여 살게 된 것이라고 한다.

화가들에게 다가가자 "똑같다, 똑같다" 하면서 말을 붙여온다. 얼마나 많은 한국 사람이 이곳을 다녀갔기에 '똑같다'라는 한국말을 배웠을까.

그들을 지나쳐 카페 유진Chez Eugene에 앉아 에스프레소 커피 한 잔을 시켜놓고 지나가는 관광

테르트르 광장에서 그림을 그려주는 거리의 화가들

카페 유진에 앉아 있으면 거리의 화가와 그들을 호기심 가득한 눈으로 쳐다보는 관광객들을 볼 수 있다.

객들을 본다. 초상화를 즉석에서 그리는 거리의 화가들과 호기심이 가득한 얼굴로 그들을 보는 사람들, 언덕의 골목마다 꽉 들어찬 기념품을 사는 사람들의 모습은 비슷하다.

    과거 이 언덕 아래에 살았던 피카소는 다행히 생전에 영화를 누리다 죽었지만 고흐나 로트레크는 그렇지 못했다. 고흐는 정신분열에 걸려 자기 귀를 자르는 기이한 행동을 하다 결국 세상을 떠났고, 로트레크는 알코올 중독으로 일찌감치 세상을 떠났다. 그래도 고흐나 로트레크는 죽고 나서 이름이라도 남겼지만 고생하다가 이름 석 자도 남기지 못하고 세상을 떠난 예술가들도 수없이 많을 것이다.

　나 또한 한때 예술인지 요술인지를 하려고 예술대학에 다녔다. 이런 생각이 들 때면 언덕에 앉아 시가라도 한 대 피워야 한다. 그렇게 하지 않으면 마음이 슬퍼서 일어날 수가 없다.

세계 최대, 최고 루브르 박물관

파리에 와서 반드시 들러야 할 곳은 루브르 박물관이다. 그러나 루브르 박물관은 런던의 대영 박물관과는 달리 갈 때마다 기분이 조금 상하는 곳이다. 입장료를 받기 때문이다.

비싼 입장료까지 내고 들어간 루브르 박물관을 구경하는 데는 요령이 필요하다. 루브르에는 무려 225개의 방이 있고, 총 30만 점이 넘는 작품이 있다. 그렇기 때문에 박물관을 하루 코스로 잡았다면 아예 아침 일찍 입장해서 하루 종일 볼 각오를 해야 한다. 우선 자신이 반드시 봐야 할 작품을 미리 체크한 후 그것부터 봐야 한다.

만일 「모나리자」를 꼭 보고 싶은 사람이면 박물관에 가자마자 「모나리자」가 있는 전시실로 가라. 처음부터 자세히 보겠다고 하면 결국 「모나리자」를 못 보고 나오기 십상이기 때문이다. 가장 보고 싶은 것을 보았으면 다음 순위의 것들을 구경하면 된다. 그러다 배가 고프면 관내에 있는 식당에서 식사를 해결한다. 화요일은 휴관이라는 사실도 명심하자.

루브르 박물관 입구의 유리 피라미드

　루브르 박물관은 영국의 대영 박물관과 더불어 세계 최대, 최고의 박물관이며, 유물이 너무나 많아 봐도봐도 끝이 없는 곳이다. 하루에 박물관 전체를 보기에는 다리가 아파서 도저히 엄두를 내지 못한다. 나는 파리에 갈 때마다 루브르 박물관을 들르는데 아직도 보지 못한 것이 많다. 그래서 마음을 다잡고 루브르 박물관으로 발걸음을 옮긴다.

　루브르 박물관은 고색창연할 것 같지만 입구는 대단히 모던하다. 루브르 박물관의 입구는 유리 피라미드로 되어 있다. 1989년 미테랑 대통령이 프랑스 대혁명 200주년을 기념해서 만든 3대 조형물 중 하나이다. 3대 조형물이란 라 데팡스 개선문과 바스티유 오페라 하우스 그리고 유리 피라미드이다. 최첨단의 화사한 유리 피라미드 안으로 들어가면 거기서부터 사방팔방으로 전시관이 연결되어 있다. 그야말로 세계 최대, 최고라는 생각이 절로 든다.

　루브르 박물관을 가본 사람은 알겠지만 전시물 중 남의 나라에서 훔쳐오거나 빼앗아온 전시품이 대다수이다. 런던에 있는 대영 박물관도 마찬가지이다.

　루브르 박물관이나 대영 박물관에 있는 유물 대부분은 이집트나 북아프리카에서 통째로 떼어온 것이다. 콩코르드 광장에 우뚝 서 있는 거대한 오벨리스크도 이집트에서 통째로 떼어온 것이고, 대영 박물관에 있는 로제타 스톤도 이집트 나일 강에 있던 것을 영국의 군인이 발견해서 통째로 실어온 것이다.

　여행 오는 사람들은 여기에서 미켈란젤로의 조각도 보고, 라파엘로의 「아름다운 여 가정교사」도 보고, 렘브란트의 「늙은 화가의 초상」도 보려고 하지만 이러한 루브르의 대표적 전시물들이 프랑스의 것이 아닌 남의 나라 것이라는 사실을 알고 있어야 한다. 고대 오리엔트 미술관, 고대 이집트 미술관, 고대 그리스·로마 미술관도 마찬가지이다. 남의 나라 것을 제외하고는 18세기 이후의 프랑스 화가들이 남긴 그림 몇 점이 고작이다.

　루브르 박물관을 나와 관내 커피숍에서 커피 한 잔을 마신다. 여기 커피 값은 다른 곳의 두 배이지만 다리가 아프기 때문에 어쩔 도리가 없다. 커피숍에 앉아 커피를 한 잔 마시면서 다시 여기에 오면 어디를 둘러볼 것인가 생각해 보는 것이다. 루브르를 한 번에 다 돌아보려면 다리가 너무 아프고 머리도 복잡해져서 소화불량에 걸리기 십상이다. 두 번 다시 루브르에 올 기회가 없는 사람이라면 몰라도 기회를 만들어 또 올 사람이라면 나중을 위해 몇 점 남겨두는 것이 좋다. 그리고 다음에 올 때는 사전 지식을 조금이라도 쌓고 오는 게 작품을 감상하는 데도 도움이 된다.

여행이라는 것이 무엇인가? 잘 보고, 잘 먹고, 잘 자는 것이다. 잘 보려면 잘 볼 수 있을 만큼 사전에 공부해야 하고, 그만한 심미안審美眼을 길러야 한다. 잘 먹기 위해서도 그만한 미각과 요리에 대한 지식이 따라야 하는 것이다.

자아, 루브르에서 사정없이 다릿품을 팔았으니 이제는 호텔로 돌아가서 좀 쉬었다가 저녁을 먹어야지!

시실리 피자와 거지 부부

저녁을 먹으러 알비옹 호텔을 나왔다.
어둑한 저녁, 술집과 음식점이 늘어선 몽트뢰유에는 사람 싸우는 소리, 떠들어대는 소리, 빵빵거리는 차 소리와 생맥주집, 선술집, 태국 음식점, 프랑스 레스토랑, 아랍 식당, 이탈리아 스파게티 집 등이 널려 있어 어수선하다. 오늘은 맛있는 토핑이 잔뜩 뿌려진 이탈리아 피자가 먹고 싶다.
이탈리아 식당으로 들어갔다. 시실리 피자, 나폴리 피자 등 여러 피자 종류가 보인다. 왠지 시실리 피자에 눈이 간다. 시실리. 멋진 지명이다. 시실리는 이탈리아 남부의 작은 섬이자 전 세계를 주름잡는 마피아의 총 본산이다. '그들이 먹는 피자라면 한번 먹어봐야지'라는 생각에 피자를 한 판 시켰다.
쟁반 가득 보름달만한 피자가 왔다. 헌데 토핑이 별로 보이지 않는다. 이탈리아 북부에 위치하고 있는 밀라노 지역의 피자는 토핑으로 햄이나 피망에 꿩고기, 사슴고기, 치즈 등 각종 재료를 넣는데 시실리 피자에는 그런 게 보이지 않는다. 이상하다고 생각하며 피자 한 조각을 베어 물었는데, 으악! 이건 소태다! 소금처럼 짜다. 토핑을 가만히 보니 바로 앤초비, 즉 멸치젓이다. 이탈리아 남부의 섬 지방인 시실리에는 멸치가 흔하다. 피자 토핑으로 그것을 이용한 것이다. 음식이 이러니 시실리 사람들이 권총을 뽑아들고 마피아로 나서지 않을 수 없는 것이다. 사흘 굶으면 남의 집 담을 넘지 않을 사람 없다더니, 바다 바람은 세고, 농작은 잘 안 되고, 석회암 돌섬이라 밭은 척박하고, 먹을 건 짜디짠 멸치젓을 뿌린 피자가 고작이니 권총을 뽑고 나설 수밖에.

간신히 피자의 절반을 먹었지만 더 이상은 먹을 수가 없었다. 너무 짜기 때문이다. 그래도 버리기는 아까워 남은 피자를 싸들고 나왔다. 포장한 피자를 덜렁 들고 나오는데 노부부 거지가 한푼 달라고 손을 내밀었다. 환갑은 더 지나 보인다. 여름인데도 겨울외투를 뒤집어쓰고 있는 품이 너무나 측은해 잔돈을 주고, 시실리 피자인데 먹겠느냐고 물었다. 노인이 "물론이지요" 하면서 받아들였다. 그에게 피자를 건네면서 물었다.

"노인 부양을 원하는 가정에 들어가지 왜 이렇게 사십니까?"

노인은 어두운 표정을 지으며 말한다.

"그 집에 들어가면 자유가 없기 때문이지요."

프랑스 정부는 거리를 떠도는 노인 부부들에게 매월 연금을 준다. 그들은 그 돈으로 밥도 사먹고 싸구려 포도주도 마신다.

프랑스 정부에서 마련한 또 하나의 대책은 노인 거지와 일반 가정을 연결하여 노인 거지를 돌보는 사람들에게 별도의 경제적 지원을 해주는 것이었다. 그러나 노인 거지들은 자유가 보장되지 않는다는 이유로 이를 거부하고 있어 이 제도가 제대로 정착되지 않고 있다. 오히려 짜디짠 시실리 피자라도 좋으니 자유를 누리겠다는 것이다.

노인 거지 부부와 헤어져 호텔로 가려고 시계를 보니 이제 겨우 8시 30분이다. 호텔에 가서 자기에는 너무 이른 시간이다. 맥주라도 한잔 할 요량으로 호텔 뒤에 있는 아랍인 거리로 갔다. 이 지역은 치안 상태가 별로 좋지 않다고 알려진 곳이다. 그러나 내게는 그게 큰 문제가 되지 않는다. 이미 비행기에 발을 들여놓은 순간 모험은 시작된 것이다. 더구나 요즘같이 비행기 사고가 잦을 때는 이미 비행기 타는 것 자체가 모험이 아닌가. 요즘 나는 비행기가 공항에 무사히 착륙할 때마다 박수를 쳐주고 있다.

평생 도보 여행을 하다가 일생을 마감한 미국의 콜린 프랫처라는 나그네는 이런 말을 했다.

"네가 여행 도중에 방울뱀에 물려 죽더라도 후회하지 말라. 이미 배낭을 메고 집을 나선 그 순간부터 모험은 시작된 것이다. 모험을 각오하고 나선 사람이 뱀에 물려서 죽게 됐다고 땅을 치며 후회한들 어찌하겠는가. 어차피 인생은 모험이다."

우리나라에도 같은 의미의 속담이 있다. '구더기 무서워서 장 못 담그랴'가 바로 그것이다. 여행 가는 게 위험하다고 평생 방에만 박혀 있을 수만은 없지 않은가.

아랍인 식당에서

　　　　　　　　밤거리에는 많은 아랍인 식당이 영업을 하고 있었다. 어디 가서 한잔 마실까?

　맥주 마시기에는 런던이 좋다. 아침에 일어나서 템스 강변을 2킬로미터쯤 산책하고 눈에 띄는 첫 번째 펍에서 기네스 흑맥주를 한 잔 마시고 관광을 시작할 수 있기 때문이다. 파리는 영국이나 독일에 비하면 맥주 맛이 좀 없는 편이다. 프랑스는 포도주의 나라니까.

　맨 처음 보이는 선술집에 들어섰다. 스탠드가 있고 테이블이 네 개쯤 있는데 손님 둘이 스탠드에서 맥주를 마시고 있다. 보아하니 아랍인들이다. 헌데 말소리가 좀 시끄럽다. 무시하고 생맥주를 한 잔 시켰다.

　이 술집은 변두리 아랍인 식당이라 좀 너저분하다. 이상하게 맥주도 맛이 없다. 술을 반 정도 비웠는데 스탠드에 앉아 있던 아랍인 둘이 멱살잡이를 시작했다. 이래가지고야 어디 술맛이 나겠는가. 돈을 치르고 나오는데 아랍인 주인이 연신 미안하다며 고개를 숙인다.

'알면 됐다. 재수 없는 날이다.' 속으로 읊조리며 문을 나섰다.

다른 술집으로 갔다. 진열장에 보기 좋게 놓여진 음식은 처음 보는 것들이었다. 민물생선을 소금에 절인 뒤 콘프레이크 같은 것을 뿌려놓았다. 희한한 음식이다.

그 음식이 어떤 요리인지 궁금해 안으로 들어갔다. 165센티미터 정도 되는 작은 키에 검은 콧수염을 기른 아랍인이 텔레비전을 보고 있다가 일어선다. 그에게 맥주 한 잔과 진열되어 있는 요리를 달라고 했다. 그러자 주인이 뭐라고 이야기를 한다. 가만히 들어보니 그 생선 요리는 그것만 먹는 게 아니라 빵과 함께 먹어야 한다는 얘기이다. 할 수 없이 빵과 생선을 같이 시켰다. 그리고는 생선을 안주 삼아 맥주를 마셨다. 곁에서 내가 먹는 모습을 지켜보던 아랍인 주인은 빵은 안 먹고 생선만 먹는 내 모습이 영 이상하다는 듯 고개를 갸우뚱거린다. 생선은 생각보다 굉장히 짰다. 술안주로 하기에는 적당한 음식이 아니었다.

간신히 한 잔 마시고 일어섰다. 그가 나에게 이 근처에 사느냐고 묻길래 그렇다고 대답했다. 어쨌든 호텔이 이 근처에 있으니까. 어느 나라 사람이냐고 묻길래 한국 사람이라고 대답해 주었다. 이 친구, 서울올림픽을 알고 있다. 이 근방에도 한국 사람이 몇 명 살고 있다고 한다. 그가 빵을 남기게 해 미안하다고 말한다. 남기건 말건 상관 않는 프랑스 주인과는 달랐다. 그러더니 명함을 주면서 악수를 하자고 손을 내민다. 맞잡은 손이 장난이 아니다. 진지함이 느껴졌다. 나도 그의 손을 힘주어 잡았다. 그랬더니 이번에는 살짝 포옹한다. 이것도 매우 진지하다. 돈을 냈다. 그런데 그는 빵값은 계산하지 않았다. 안 먹는 걸 팔았으니 값을 받지 않겠다는 것이다. 유럽 사람들과 달리 그는 인정이 많았다.

프랑스에 사는 아랍인들은 주로 청소부나 잡업에 종사하는 사람들, 배우지 못한 사람들, 테러를 일삼는 사람들 그리고 여자의 경우는 창녀나 술집에서 일하는 사람들로 인식되어 있고, 나 자신도 그렇게 생각해 왔다. 그런데 이 사람을 보니 꼭 그렇지만은 않은 것 같다. 후에 여행에서 돌아와 아랍 사람들에 대해 쓴 책을 읽어보니 신의가 강해 한 번 친구는 영원히 믿는 사람들이란다. 아랍에 대해서는 좀더 연구할 필요가 있을 것 같다.

아랍인에 대한 기억이 하나 더 있다. 어느 해 초봄이었다. 파리의 오페라 거리에 있는 5층짜리 낡은 대리석 건물 꼭대기에 전기도 들어오지 않는 다락방 밑에서 침대도 없이 맨바닥에 매트리스를 깔고 담요를 한 장 뒤집어쓴 채 한 사나이가 죽은 듯이 누워 있었다. 3월이라지만 파리의 긴 겨울 추위가 아직도 뼛속까지 스미는 날이었다.

지난밤부터 하루 종일 굶고 고열에 시달리고 있었던 그는 저녁이 되자 더 이상 추위와 허기를 견디지 못하고 간신히 몸을 일으켰다. 일어서서 외투를 걸치려는데 하늘이 빙글 돌았다. 그러나 그는 벽에 몸을 의지한 채 일어서서 천천히 외투를 입고 삐걱거리는 나무 계단을 밟고 1층까지 내려갔다. 그리고 건물 입구에 서서 목표지점인 한국 식당 '방가네 집'을 찾았다. 그 가게는 골목 하나 너머에 있고, 거리라야 불과 200미터이다. 거기서 김치찌개 백반을 하나 먹고 싶었다. 그거라도 먹으면 기운이 날 것 같았다. 그는 그리로 가기 위해 천천히 발걸음을 옮겼지만 발은 허공에서 맴돌 뿐 앞으로 나아가지 않았다. 그는 벽에 기댄 채 잠시 망설이다가 포기했다. 그러고는 자신이 서 있는 위치에서 가장 가까운 식당을 찾기 시작했다. 샌드위치와 커피를 파는 타박이 바로 앞에 있었지만 입 안이 껄끄러워 그것을 먹기는 싫었다. 그는 고개를 들어 천천히 주위를 살폈다. 레스토랑 '르 마록'의 간판이 불과 30미터 앞에 있었다. 그는 벽을 붙잡고 그리로 발걸음을 옮겼다.

르 마록에 들어섰다. 식당 안에는 아랍의 전통 음악이 흘러나오고 있었다. 바닥에는 아랍식 카펫이 깔려 있었고, 벽은 아랍식 모자이크 타일로 장식되어 있었다. 그는 순간 잘못 들어왔구나라고 생각했으나 다른 식당을 찾아갈 만한 기운이 없어 입구에 멍하니 서 있었다.

검은 머리, 검은 눈동자에 키가 훤칠한 아랍인 갸르송은 손님이 환자인 것을 눈치채고 잽싸게 의자를 권했다. 손님이 자리에 앉자 그는 주문을 받기에 앞서 주전자와 찻잔부터 들고 왔다. 주전자는 청동으로 만들어진 품위 있는 것이었다. 그는 오른손으로 주전자를 높이 쳐들고는 왼손에 들려 있는 잔에 물을 부었다. 주전자 꼭지에서 쏟아지는 찻물은 작은 폭포처럼 찻잔 속으로 빨려 들어갔다. 단 한 방울도 흘리지 않고 그는 마치 곡마단 마술사처럼 차를 한 잔 가득 채웠다. 그러고는 오른쪽 눈으로 윙크를 하더니 손님에게 마실 것을 권하였다. 손님은 입 안이 몹시 말라 있었으므로 단숨에 그것을 마셨다. 박하 냄새가 나는 아주 달콤한 차였다. 손님이 입맛을 다시며 한 잔을 다 비우자 그는 흡족한 미소를 보내며 "민트"라고 말

잊을 수 없는 기억, 아랍 식당 '르 마록'

하더니 다시 한 잔을 채웠다. 손님은 다시 한 잔을 비웠다. 그렇게 갸르송은 주전자를 들고 서서 계속 차를 부어주었다. 손님은 무려 일곱 잔의 민트를 마신 후에야 온몸 구석구석에 기운이 솟았다. 그제야 갸르송은 웃으며 메뉴판을 보여주었다. 메뉴는 모조리 양고기였다.

그는 민트를 마시며 양고기 한 접시를 다 비웠다. 살아난 것이다. 오마 샤리프처럼 잘생긴 스물여덟 살의 아랍인 갸르송이 곁에 서서 흡족한 미소를 보냈다.

모년 모월 모일, 처음으로 맛본 아랍 차 민트, 그 민트와 아랍인 갸르송을 나는 지금도 잊지 못한다.

『미슐랭 가이드』와 라 투루다르장

파리에는 『미슐랭 가이드』라는 책이 있다.

미슐랭Michelin, 우리나라에서는 '미쉐린'이라 부르는 이 회사는 자동차 바퀴를 만드는 곳으로 알려져 있지만 프랑스에서는 지도와 『미슐랭 가이드』라는 식당 안내서로 유명하다. 사실 지도와 음식 안내서를 만드는 미슐랭과 자동차 타이어를 만드는 미슐랭 사는 형제 회사로, 자동차 바퀴를 만드는 회사의 사장이 형이다.

나는 개인적으로 프랑스 여행을 할 때는 미슐랭 지도를 가지고 움직인다. 그만큼 정확하기 때문이다. 또 하나, 음식점을 찾을 때도 『미슐랭 가이드』를 가지고 찾아간다. 매 끼니마다 그렇게 하는 것은 아니고 하루에 한 끼, 저녁식사 할 곳을 찾을 때 주로 활용한다.

『미슐랭 가이드』는 매년 봄에 발간하는데 이 책에는 프랑스 식당에 대한 평점이 매겨져 있다. 『미슐랭 가이드』의 기자들은 1년간 쥐도 새도 모르게 식당에 가서 평점을 매긴다. 기자의 평가 기준은 음식 맛, 종업의 친절도와 서비스, 식당 분위기이다.

평가 기준을 자세히 살펴보자.

첫 번째는 맛에 대한 평가이다. 맛에 대한 평가는 절대적이면서도 상대적이다. 즉 누구나 먹어도 맛이 있어야 하며, 그 지방의 독특한 음식 맛이 나야 한다. 요리사는 기자가 먹든 손님이 먹든 일단 맛있는 음식을 내놓아야 한다. 그러면서도 자기 고장 특유의 맛을 내야 하는 것이다.

두 번째는 종업원의 서비스 문제이다. 프랑스의 식당 종업원은 대체로 3년 과정의 갸르송 학교 출신이다. 즉, 3년 동안 손님을 맞는 방법, 손님의 시중을 드는 방법, 메뉴판을 적는 방법, 주문을 내는 방법, 테이블에 음식을 놓는 방법, 포도주를 따르는 방법 등 다양한 교육을 받는다. 갸르송에 대한 평가는 더 까다롭다. 복장은 늘 청결해야 하고, 손톱과 발톱은 잘 깎아야 하며, 손님을 맞을 때는 미소를 지어야 하고, 손님의 요구 사항을 정확히 파악해서 주문한 음식과 실제의 음식 사이에 한 치의 오차도 없어야 한다. 우리나라처럼 김치찌개를 시켰는데 된장찌개가 나오는 식의 실수는 용납되지 않는다. 또 발걸음은 조심스러워야 하고, 걸을 때 구두 소리가 나서도 안 된다. 손님의 외투를 벗겨서 옷장에 넣을 때도 귀중품이 있는지 잘 살펴 도난당하는 일을 미리 방지하고, 옷이 다른 손님의 것과 바뀌거나 도난당하지 않도록 신경 써야 한다. 한마디로 손님이 식사를 하러 올 때부터 계산하고 나갈 때까지 기분 좋게 식사를 했다고 느낄 만큼 세심한 서비스를 해야 하는 것이다.

내가 경험해 본 바로 갸르송, 즉 웨이터의 교육이 가장 잘된 나라는 프랑스이다. 그 다음이 이탈리아, 스페인, 독일, 스위스 순이다. 이 나라들도 서비스는 흠 잡을 데가 없지만 전문적인 갸르송이 아니라 식당 주인이 서비스를 하는 곳이 많아 웨이터의 전문성은 떨어진다. 제일 엉망인 곳은 영국이다. 종업원이 고자세인 곳이 많고, 일에 충실하지 않다. 이에 비해 프랑스의 종업원들은 직업에 대한 긍지가 있고, 직업정신이 투철하다. 일을 즐겁게 하는 태도가 역력하다.

　프랑스의 전통 있는 식당들은 갸르송이 수십 년간 바뀌지 않고 대개 정년퇴직할 때까지 근무한다. 손님들은 매너가 좋고 서비스 정신이 투철한 단골 갸르송의 서비스를 받기 위해 일부러 한 식당만 찾아가기도 한다. 생각해 보라. 귀한 사람에게 저녁식사를 대접하기 위해 일부러 좋은 식당을 찾아갔는데 종업원이 본체만체하거나 불친절하면 기분이 어떻겠는가? 따라서 갸르송은 긍지가 높고 그 지위 또한 주방장 다음으로 높다. 큰 식당의 경우 갸르송 한 명이 여덟 개 정도의 테이블을 담당하는데, 담당 테이블에 앉는 손님들에게는 세심한 주의를 기울인다. 자기 테이블에 대해서는 갸르송이 바로 지배인인 것이다.

　마지막으로 식당의 분위기이다. 누구에게나 첫인상이 좋은 식당이 있다. 사람은 식당에 발을 들여놓는 순간 본능적으로 안다. 눈으로는 식당의 분위기를 보고, 귀로는 식당에서 나는 소리를 듣고 있으며, 코는 그곳의 냄새를 맡고 있는 것이다. 어수선하고 시끄러우며 퀴퀴한 냄새가 나는 식당을 좋아할 사람은 아무도 없다. 그러면 식당의 분위기란 무엇인가? 테이블에는 우아한 보가 덮여 있고, 샹들리에 아래 촛불이 켜져 있으며,

벽에는 명화가 걸려 있고, 조명은 은은하며, 음악이 잔잔히 흐르고, 종업원은 손님이 불편한 게 없는지 세심하게 살피고 있다. 음식 냄새는 고소하게 식당 안을 감돌고, 와인 잔, 샴페인 잔, 펑거볼 잔은 디자인이 고급스러우며, 포크와 나이프는 빅토리녹스나 이녹스 같은 아주 품질 좋은 제품이다. 접시 역시 디자인이 고급스럽고, 음식과 조화를 잘 이룬다. 화장실은 청결하며, 향수 냄새가 은은하고, 장미 한 송이가 꽂혀 있다. 이 정도는 되어야 손님이 기분 좋게 식사를 할 수 있지 않을까?

『미슐랭 가이드』는 바로 이러한 기준을 가지고 식당을 평가한다.

평점 방식은 별표이다. 맛, 갸르송, 분위기가 모두 좋으면 만점으로 검은별 세 개, 맛과 갸르송은 좋은데 분위기는 중간이면 검은별 두 개에 흰별 하나이다. 맛과 갸르송은 좋은데 분위기가 별로이면 검은별만 두 개, 맛은 좋은데 갸르송과 분위기가 그저 그러면 검은별 하나에 흰별 두 개이다. 해마다 『미슐랭 가이드』에서 만점, 즉 별 세 개를 받는 식당은 조사 대상 중 열 개 정도이다.

1997년 파리의 유명한 오리구이 전문 식당인 '라 투루다르장'의 주방장이 자살했다. 이 집은 8대째 식당을 운영해 오고 있었는데 해마다 검은별 세 개, 즉 만점을 받아왔다고 한다. 그런데 1997년에는 검은별 두 개에 흰별 한 개를 받은 것이다. 가게 주인이기도 했던 주방장은 죽음으로써 조상에게 자신의 잘못을 참회한 것이다. 한마디로 투철한 직업정신이라고 할 만하다.

세계 정상들의 회담에 프랑스 음식과 와인이 빠지지 않는다. 일본의 경우도 김대중 전 대통령이 방문했을 때 만찬장에 일본 음식, 즉 화식和食이 아닌 프랑스 요리가 나왔다. 왜 외국의 국가 원수를 모셔놓고 자국의 요리가 아닌 프랑스 요리로 대접을 했을까? 그 이유는 프랑스 요리가 국제적인 모임에 잘 어울리기 때문이다. 프랑스 음식은 샴페인이나 와인으로 양국의 발전을 위해 건배를 하고 앙트레(전채)를 천천히 먹다보면 메인 디시, 프로마주(치즈), 디저트, 과일, 차 순서로 음식이 나온다.

식사를 일본식으로 했다면 어땠을까? 청주로 건배를 하고 오차를 마신 뒤 회 몇 점 먹고, 고기를 몇 점 구워 먹고, 밥과 된장국을 먹은 뒤 사과 한 조각을 먹는다. 그리고 오차로 입을 헹군다. 한마디로 국제화된 음식이 아닌 것이다.

일본에 비하면 중국 음식은 국제적이다. 코스로 나오는 요리의 수도 많지만 모임에서 서비스하기에 대단히 좋다. 우선 마오타이주[茅臺酒: 모대주]로 건배를 한 뒤 좋은 중국차를 한 잔 마시고, 채소볶음을 두 젓가락쯤 먹은 뒤 페킹 덕Peking duck(북경 오리구이), 육류, 생선 요리를 몇 점씩 먹고, 소면이나 간단한 면을 조금 먹고 차로 마무리를 한다.

그렇다면 우리나라 음식은 어떨까? 요즘은 거의 국적 불명의 음식이 되었지만 한국 음식도 원래는 국제화된 매뉴얼을 가지고 있다.

사대부집에 양반이 놀러갔다. 역사 드라마를 보면 처음부터 개다리소반에 주안상이 들어오고 청주부터 권하지만 사실은 그게 아니다. 처음에는 구절판이 나와야 정상이다.

구절판, 즉 아홉 가지 건과에 차 한 잔을 마시면서 주인과 손님이 날씨나 상대방 집안의 안부 등 가벼운 화제로 이야기를 시작한다. 그러면 두 번째 음식으로 구이, 즉 너비아니가 나온다. 그 너비아니를 안주로 술을 한 잔씩만 마신다.

너비아니와 한 잔의 술을 독상에 받고 나면 본식이 나온다. 이것 역시 독상인데 사회적 지위에 따라 5첩 반상 또는 7첩 반상으로 나뉜다. 양반집에서는 생일 같은 특별한 날에는 7첩 반상, 즉 일곱 가지 반찬에 밥, 국, 장, 조치 등이 나오지만 보통 때에는 5첩 반상, 즉 다섯 가지 반찬에 밥, 국과 장, 조치 등이 나온다. 독상으로 식사가 끝나면 계절 과일이 나오고, 후식으로 나오는 수정과나 식혜로 식사를 마감했다.

각 문화의 음식 문화에 대해 살펴보았으니 다시 뒷골목을 어슬렁거려 보자.

단란주점 라 파리지엔느

오페라 거리의 생트안 골목은 그야말로 동양인 거리이다. 일본인들이 터를 닦아놓기 시작해 이제는 라멘집부터 이자카야(선술집), 단란주점 등 일본 음식점이 많아 일본 관광객 천지이다.

바로 이 거리에 한국 사람들이 많이 오는 단란주점이 하나 있었는데 바로 '라 파리지엔느La Parisienne'이다. 지금은 없어져 아쉽지만 한국 단란주점 중 시설이 가장 좋았던 곳이다. 나도 왕년에 이 집에 매일 출근해서 노래를 불렀다.

이 집의 주인은 서울 출신의 K. 1979년 프랑스에 건너와 외인부대에 입대한 K는 5년 동안 북아프리카의 사막 등지에서 근무하다 병장으로 5년 만기 제대를 하면서 받은 프랑스 시민권과 퇴직금으로 봉제 공장을 운영하는 등 갖은 고생을 한 끝에 성공한 사업가이다.

파리에서 한국인이 사업으로 성공하기란 보통 어려운 일이 아니다.

그러한 사례가 하나 있다.

한국의 사업가 한 사람이 파리의 1번지인 샹젤리제 거리에 옷가게를 열었다. 마네킹에 최신 유행하는 남성복, 여성복을 입혀 진열해 놓고 매장에도 수백 벌의 옷을 보기 좋게 진열해 놓았다.

오픈한 날 저녁, 영화배우처럼 잘생긴 30대 이탈리아인 두 명이 가게에 왔다. 그들은 쇼윈도에 걸려 있는 옷을 모조리 사겠다며 싸달라고 했다. 주인은 좀 어리둥절했지만 손님이 사겠다고 하니까 전부 포장했다. 수천만 원어치의 옷이 다 포장되자 그들은 007 가방을 열어 그 안에 있는 빳빳한 현찰을 보여주며 이 돈으로 아예 이 가게를 사고 싶다고 했고, 주인은 오늘 오픈했으므로 팔 수 없다고 말했다. 그러자 그들은 권총을 꺼내 탁자 위에 놓더니 "007 가방의 돈이냐, 권총이냐 둘 중 하나를 택하라"고 했다. 그들은 이탈리아 마피아였던 것이다. 아무것도 모르는 한국인 주인은 그야말로 사색이 되었고, 결국 사흘 만에 가게를 이탈리아 마피아에 헐값에 넘기고 말았다.

샹젤리제 거리 앞에 패션 양품점 하나를 내는 데 드는 돈은 약 10억 원이 든다. 소문에 의하면 그 한국인은 본전도 안 되는 값에 가게를 이탈리아 마피아에 넘겼다고 한다.

라 파리지엔느는 지상 1층, 지하 2층의 제법 큰 단란주점이다. 한국의 최신 유행가를 많이 갖추어 놓아 파리에 거주하는 한국 유학생이나 주재원들에게 인기가 있다. 그러나 이곳도 문을 열기까지 어려움이 많았다.

개업 첫날, 역시 이 가게에도 이탈리아 마피아 출신 두 명이 찾아왔다.

그들은 여기서 가게를 하려면 매달 세금을 내놓으라고 했다. K는 장사가 될지 안 될지 모르니 좀 생각해 보겠다고 말했고, 마피아는 권총을 꺼내며 세금을 내든지 아니면 권총을 택하라고 으름장을 놓았다. K가 일주일만 생각할 시간을 달라고 하자 그들은 일주일 후에 다시 찾아오겠다고 말하고 가게를 떠났다. 이런 일은 경찰에 알려봤자 해결이 되지 않는다고 판단한 K는 결국 자신과 같이 외인부대를 제대한 중국인 친구에게 이 사건을 해결해 달라고 부탁했다. 그 중국인 친구는 중국 마피아와 연결이 되어 있었다. 그 다음날부터 중국 출신 마피아 열 명이 두 대의 지프차에 나눠 타고 그 가게 앞을 지켰다. 그들의 바바리코트 속에는 권총을 비롯한 경기관총 같은 무기가 들어 있었다.

일주일이 지났다. 세금을 받기 위해 생트안 거리의 라 파리지엔느를 지나던 이탈리아 마피아들은 중국 마피아를 발견하고 기겁을 하며 돌아갔다. 본부로 돌아간 그들은 중국 마피아들이 왜 그 가게 앞을 지키고 있는지 알아보았고, 그 결과 그들은 라 파리지엔느에서 손을 떼기로 결론을 내렸다. 얻는 것보다는 잃는 것이 더 많다고 판단했기 때문이었다.

파리는 그만큼 험한 곳이다. 겉으로 보기에는 예술과 문화의 도시이지만 그 뒷골목에는 마피아들이 지배하고 있다.

그런데 정말 재미있고 어이없는 일이 일어났다. 대한민국 서울 강남에서 활동하고 있는 '아저씨'들이 '세금'을 받으러 온 것이다. 어느 날 K가 저녁에 가게에 나와보니 종업원들이 사시나무 떨듯 떨고 있었다. 실내를 둘러보니 인상이 험악한 사내 두 명이 술을 마시고 있었다. 그들의 용건은 앞으로 매달 세금을 내라는 것이었다. K는 기가 막혔고, 할 수 없이 다시 중국 마피아에게 전화를 걸었다. 잠시 후 각종 무기로 중무장한 중국 마피아 다섯 명이 도착했다. 그러나 중국 마피아들은 실망했다. 세상 물정 모르는 철없는 아해들임을 금방 알아차렸기 때문이었다. 중국 마피아는 파리까지 세금을 받으러 온 이 강남의 철없는 아저씨들을 어떻게 혼내줄까 하다가 그들의 이마에 차가운 총을 들이댔다. 강남 아저씨들은 얼굴이 하얗게 질려 '걸음아, 날 살려라' 하고 내빼고 말았다고 한다. 그 뒤 라 파리 지엔느는 누구의 손도 타지 않고 영업을 할 수 있게 되었다.

이렇듯 파리의 지하 세계는 생각보다 어둡고 살벌하다.

외인부대 출신들과의 만남

외인부대 출신 몇 사람을 만날 기회가 있었다.

외인부대란 1831년에 창설되어 현재 약 8천 5백 명의 병사들이 근무하고 있는 부대로, 미국의 그린베레, 한국의 해병 특수수색대와 더불어 세계 최강의 부대로 일컬어지는 특수부대이다. 이곳의 병사들 대부분은 전 세계 130개국에서 모인 외국인이다. 물론 여기에는 한국 출신도 80명 가까이 있고, 일본 출신은 그보다 조금 더 많다고 알려져 있다.

한국인 중 최초로 외인부대원이 된 사람은 1943년에 입대한 '김'이라는 사람이다. 이 사람이 1943년에 어떻게 외인부대에 입대했는지는 전혀 알려진 바 없다. 알제리 전투에서 1953년에 전투 도중 사망했고, 그의 묘가 알제리의 시디벨 압베스 외인부대 공동묘지에 있다는 것이 고작이다. 그나마 이 사실도 외인부대 사령부의 전사戰史 박물관에 근무하는 마자르 하사가 말해줘서 알게 된 것이다.

외인부대원이 된 두 번째 한국인은 H이다(외인부대 출신들은 자신들의 신원이 밝혀지는 것을 좋아하지 않는다).

H는 1974년에 외인부대 입대했다. 그가 어떤 동기로 외인부대에 입대했는지는 밝히기를 꺼려했다. 그는 고등학교를 졸업했고, 복싱을 했으며, 모종의 일로 외항 선원이 되어 라스팔마스의 외항 어업 기지에서 조업을 하다가 급작스럽게 입대했다. 50대의 H는 머리카락이 희끗희끗하고 172센티미터 정도로, 큰 키는 아니지만 다부진 몸매에 손목이 아주 굵은 사나이다.

요즘은 외인부대 입대 지원자들이 많아서 평균 10대 1의 경쟁률을 보이고 있지만 1970년대에는 외인부대의 지원자들이 그렇게 많지 않았다. 덕분에 그는 외인부대에 쉽게 입대했지만 그때도 100가지 정도의 까다로운 검사를 받았다고 한다. 까다로운 검사란 전과 유무를 말하는 것이 아니다. 전과 기록은 별 문제가 되지 않는다. 그들이 중점적으로 보는 것은 외인부대의 강한 훈련을 받을 수 있는 체력을 가지고 있는가, 구보를 잘 하는가, 골절된 곳은 없는가, 마약 조직이나 국제 테러 조직에 연루된 인물은 아닌가, 게이는 아닌가, 쿠바나 북한 출신은 아닌가 등이다.

H는 입대한 뒤 본인의 표현대로 '먹고 뛰는 일에는 자신 있었으므로' 훈련소의 성적은 1등이었다고 한다. 그러나 불어를 하지 못해 훈련병 대표로 선서할 수 없어 2등으로 졸업한 뒤 주로 남미의 가이아나에 근무했다. 가이아나는 외인부대 제13연대 주둔 지역으로 프랑스제 아리앙 로켓 발사 기지가 있는 곳이다. 그러니까 제13연대의 주 임무는 바로 아리앙 로켓 발사 기지를 보호하는 것이다.

가이아나는 영화 「빠삐용」의 무대인 아마존 정글 지역이다. 본래 이 지역은 인간의 발길이 한 번도 미치지 않은 정글로, 늪에는 악어와 뱀이 득실거리고, 나뭇잎 위에서 피를 빨아먹는 거머리가 연신 떨어진다. 또 사람의 살을 파먹는 바이러스가 우글거리는 곳이기 때문에 외인부대원들도 근무를 기피하는 지역이다.

그 중에서 외인부대원들이 제일 싫어하는 것은 정글 바이러스이다. 그 바이러스는 살에 닿으면 30분 내에 밤톨만한 구멍이 뚫릴 만큼 살을 파먹어버린다. 이 바이러스에 감염되면 곧바로 후송되어 강력한 항생제 주사를 맞아야 하는데 그 과정에서 머리가 하얗게 세어버린다고 한다. H 역시 그 바이러스에 감염되어 후송된 적이 있고, 그때 투여된 항생제의 영향으로 머리가 희어졌다고 한다. H는 1979년 레바논 내전에 참전했다가 박격포에 척추를 다친 뒤 5년 만기 제대를 했다. 가이아나 시내에서 트럭 행상과 택시 운전수, 한국 식당 지배인 등을 전전했다.

그 외에도 라 파리지엔느의 주인 K, 현재 제주도에 살고 있는 M, 독일에서 여행사를 하고 있는 H도 있다.

파리의 여자들

파리를 떠나기 전에 파리의 여자들을 살펴보자. 그녀들은 영화에서 보이는 모습처럼 자유분방한가? 그렇다. 자유분방하다. 검은 모직 오버코트에 짧은 미니스커트를 입고 검은 스타킹을 신고 지하철 계단을 오르내리는 그녀들은 분명 자유분방해 보인다. 샹젤리제 거리의 커피숍에서 사람들의 시선에도 아랑곳하지 않고 사랑하는 남자와 진한 키스를 10분이고 20분이고 나누는 그녀들은 확실히 자유분방해 보인다.

그러나 그게 전부가 아니다. 파리는 여권女權이 강한 도시이다. 혹자는 파리라는 도시가 양기보다 음기가 강한 도시라고 말한다. 파리 시내를 돌아다니면 남자보다 여자를 더 많이 볼 수 있다. 모두 당당하고 자신에 찬 발걸음으로 바쁘게 움직이고 있다. 이렇게 된 것은 프랑스의 산업 환경과 무관하지 않다.

프랑스는 아리앙 로켓과 콩코드 항공기, TGV 열차 못지않게 패션과 향수, 화장품 산업이 발달해 있다. 패션은 파리와 밀라노가 세계의 중심이지만 화장품과 향수는 단연 프랑스 제품이 세계 제일이다. 그러다보니 여성들의 일자리가 많다. 프랑스에서는 여성들이 남자의 보조 역할을 하거나 커피를 타줄 필요가 없다. 자기 능력으로 충분히 돈 벌어서 자기 삶을 영위할 수 있기에 파리 여자들은 당당하다. 그러나 이런 당당함과 자유분방함 이면에는 간과할 수 없는 것이 있다.

프랑스 국민은 거의 100퍼센트 가톨릭 신자이다. 비록 매주 성당에 가지는 않지만 그들은 이미 태어나면서부터 영세를 받고 가톨릭 환경에서 성장했다. 따라서 그녀들은 생각보다 보수적이고 대단히 예의바르다. 게다가 자부심도 매우 강하다. 프랑스 텔레비전을 보면 그들의 보수성이 그대로 느껴진다. 오히려 전혀 그럴 것 같지 않은 독일 텔레비전이나 스위스 텔레비전이 더 선정적이다.

그러면 자유분방한 파리 여자들은 어디 있을까? 그들은 거리나 술집에 있다. 프랑스에는 최소한 2만 명 이상의 거리 아가씨들이 있다고 추정된다. 리옹 역이나 생 라자르 역 주위를 비롯해 북 역Gare du Nord, 동 역Gare de l'Est 등 거의 모든 역 앞에 그녀들이 있다. 또 오페라 거리나 샹젤리제 거리, 심지어는 대통령 궁과 가까운 엘리제 궁 근처의 마들렌 성당 거리에도 그녀들은 있다.

그녀들의 영업 행태를 보자.

첫째, 청순 대학생형이 있다. 청바지에 하얀 운동화를 신고 티셔츠를 입고 생머리를 찰랑거린다. 영락없는 소피 마르소다. 그녀들은 주로 샹젤리제의 노천카페에서 커피를 마시고 있는 동양 아저씨들을 공략한다. 그녀들은 순진해 보이는 동양 아저씨를 보면 서슴없이 윙크를 한다. 그러면 동양 아저씨는 커피 잔을 들고 있다가 흠칫 놀라 주위를 둘러보고는 윙크의 대상이 자기인 것을 알아챈다. 그러면 아가씨를 불러 차나 한잔 하자고 한다. 아가씨가 자리에 앉으면 알마냑이나 꼬냑 같은 위스키를 한 잔 시키려 한다. 그러면 아가씨는 "영업 중에는 술 안 마셔요"라고 한마디 한다. 아저씨는 그제야 정신이 번쩍 든다. 거리 여자라는 것을 알았기 때문이다.

둘째, 마들렌 성당 부근의 아가씨들이다. 밤 8시부터 10시 사이가 되면 프랑스에서 가장 작은 차인 고누 승용차와 르노 승용차가 마들렌 성당 부근에 즐비하게 늘어서 있다. 운전석에는 아가씨라고 하기에는 조금 나이가 먹은 여자들이 앉아 있다. 자동차에 다가가면 창문이 슬며시 열린다. 흥정이 끝나면 아가씨는 고객을 모시고 자신의 스튜디오로 간다. 집에서 영업을 하는 것이다. 방에서 볼일이 끝내고 나면 갑자기 옷방 문이 덜컥 열리고 그 안에서 키가 195센티미터쯤 되는 우락부락한 거한이 미소를 지으며 나온다. 고객은 기겁을 하면서 오늘 죽었구나 하고 사색이 된다. 그러면 거한은 고객에게 놀라지 말라며 오히려 어깨를 두드려준다. 이 거한은 조그만 옷방에 의자 하나를 놓고 앉아 아가씨에게 별일 없는지 지켜보고 있었던 거다. 거한들이 이렇게 옷방에서 근무하는 것은 가끔 아가씨들을 매질하거나 이상한 행위를 요구하는 변태 성욕자가 있어 그들에게서 아가씨를 보호하기 위해서이다.

셋째, 생 드니 거리 같은 곳에서 영업을 하는 아가씨들이다. 밤거리에 여인들이 나와 손님을 호객한 뒤 자신의 침대로 데리고 가는 것이다.

넷째, 피아노 바 같은 비교적 비싼 술집에 근무하는 아가씨들이다. 이런 술집에 근무하는 아가씨들은 프랑스 여자도 있지만 대부분 포르투갈이나 코르시카 섬, 북아프리카 출신의 아랍 여자들이 많다. 피아노 바에 근무하는 아가씨들은 상당한 미모를 갖추고 있다.

다섯째, 별 네 개 정도의 고급 호텔에서 종업원을 통해 부르는 아가씨들이다. 이들은 영화배우에 필적할 만한 외모인데 값이 대단히 비싸다. 그녀들이 좋아하는 고객은 일본인이다. 돈을 잘 주고 매너도 깨끗하다고 알려져 있기 때문이다.

잘못 탄 열차가 아름답다

이제는 파리를 떠날 시간이다. 할 얘기가 많이 남았지만 못다한 이야기는 지방에 내려가서 마저 하도록 하자. 지방에도 재미있는 얘깃거리가 많이 있다.

우선 파리 시내를 빠져나가 보자.

파리는 인구가 350만 명밖에 안 되는 작은 도시이다. 즉, 파리 1구에서 20구까지의 인구가 그렇다. 나머지 650만 명쯤 되는 파리 시민은 일 드 프랑스Ile de France, 즉 말 그대로 '가까운 프랑스'에 산다.

서울도 그렇지만 파리 시내에는 '스튜디오'라고 부르는 아파트가 많다. 파리 시민 대부분은 교외, 즉 '가까운 프랑스'에 살면서 파리로 출퇴근한다. 파리는 세계 제일이라고 할 만큼 지하철이 잘 되어 있어 교외에서 출퇴근하는 일이 전혀 불편하지 않다.

우리나라 관광객들이 일 드 프랑스에서 제일 많이 가는 곳은 베르사유 궁전le Château de Versailles이다. 어느 해 봄, 몽파르나스 역에서 기차를 타

기차 안에서 본 일 드 프랑스의 들판

고 베르사유 궁에 간 적이 있다. 몽파르나스 역에서 베르사유 궁까지 기차로 불과 25분밖에 안 걸린다. 그런데 표를 살 때부터 문제가 생겼다.

창구의 구멍에 대고 "베르사유"라고 외쳤는데 표를 파는 50대의 뚱뚱한 아줌마는 창구 구멍에 눈만 내밀고 자꾸 어디냐고 묻는다. 나는 다시 "베.르.사.유."라고 또박또박 말했다. 그래도 아줌마는 무슨 말인지 모르겠다는 것이다. 하는 수 없이 베르사유 궁의 그림이 그려져 있는 책을 보여주었다. 그제야 그 아줌마, "오우! 벨사이아유우" 하며 '유우' 발음의 꼬리를 올리는 것이었다. 우리가 흔히 가는 베르사유 궁은 프랑스에서는 끝이 올라간 '벨사아아유우'였다. 표를 한 장 받아들고 베르사유 궁전 행 기차를 탔다.

때는 4월 초, 일 드 프랑스 들판에는 유채꽃이 피었다. 끝간 데 없이 펼쳐진 프랑스의 들판. 유럽 최대의 농업국가답게 들이 넓다. 그 넓은 들판

위로 메추라기들이 수도 없이 날아다닌다. 이 메추라기들은 요리 대국 프랑스의 좋은 음식 재료가 되고, 일부는 일본에 수출된다. 일본에서 제일 좋다는 호텔 오쿠라의 프랑스 식당에서는 일 드 프랑스에서 메추라기를 잡은 지 3일 내에 냉장 상태로 공수 받아 요리를 한다.

구름 한 점 없이 화창한 날이다. 늘 찌뿌드드한 날씨가 계속되는 파리의 긴 겨울이 끝나고, 봄이 오면 거리의 카페들은 의자를 노천에 내놓기 시작한다. 파리지엔들은 거기에 커피를 한 잔 놓고 앉아 몇 시간이고 책을 보면서 지나가는 사람들을 구경한다. 파리의 노천카페는 그런 재미가 있다.

기차 안에는 사람이 별로 없다. 봄철은 관광객이 적다. 여름이면 개선문 앞에서는 한국 사람 말소리밖에 안 들릴 정도로 한국 관광객이 많이 들이닥치지만 봄철에는 그런 일이 거의 드물다. 사람들이 내리고 타고, 차창 밖으로 스쳐 지나가는 파리 교외의 풍경은 참 아름답다.

건너편 자리에 앉아 있는 50대 금발의 프랑스 여인이 독서를 하다가 나와 눈이 마주쳤다. 그녀가 "봉쥬Bonjour" 하고 인사를 건넨다. 그러더니 목적지가 어디냐고 묻는다. "벨사이유우"라고 매표구에서 배운 불어 발음을 한껏 흉내 내어 대답했다. 그랬더니 그녀가 놀라는 표정을 짓는다. 그녀가 말하기를 '벨사이유우' 역은 벌써 지나쳤다는 것이다. 아뿔싸!

기차 안에 붙은 기차 행선지판으로 달려갔다. 베르사유는 몽파르나스 역에서 불과 세 정거장이었다. 그것도 모르고 창밖 풍경에 한눈을 팔다가 그만 지나쳐버린 것이다.

젠장, 어떻게 할 것인가. 가는 데까지 가보자 하는 심정으로 주저앉았

되 역 근처에 있는 고풍스러운 성당

다. 그녀가 말하기를 다음 역이 이 열차 구간의 마지막 종착역이니 거기서 한 시간을 기다렸다가 다시 타고 돌아가란다. 내가 탄 기차의 마지막 종착역은 우리말로 '둘'이라는 뜻의 되Deux 역이다. 내리고 보니 아주 형편없는 시골 역이었다.

털레털레 역사를 빠져 나왔다. 화려한 베르사유 궁에 비하면 많이 실망스럽지만 마을 구경이나 하고 가려고 주위를 둘러보았다. 역사 앞에는 군데군데 구멍이 난 2차로 아스팔트 도로가 있고, 그 주변에는 낡은 2층 돌집들이 늘어서 있다. 꼬불꼬불 목조 가옥과 오래된 빨간 벽돌집이 늘어선 거리 아래로 맑은 시내가 흐르고 성탑의 종루가 보였다.

종루가 있는 곳은 마을의 중심 광장이었다. 동그란 마을 광장을 끼고 빵집, 슈퍼마켓, 양장점, 문방구, 카페, 생선 가게, 정육점이 늘어서 있다. 그리고 거기에 700년 된 고풍스러운 성당이 있다. 광장의 한가운데 있는 벤치에 앉았다. 동네 아이들이 광장에서 자전거도 타고 구슬치기도 하고 있었다. 종탑 위에서 비둘기들이 비행하듯 내려와 광장 거리에 내려앉았다. 봄바람이 달콤하게 불어왔다. 평화로웠다. 눈을 감고 있으려니 슬그머니 졸음이 쏟아졌다.

얼마나 시간이 지났을까. 구구구 하는 비둘기 소리에 눈을 떠보니 발밑에서 비둘기가 구두를 쪼고 있었다. 문득 시계를 보니 아뿔싸! 파리행 기차 시간이 단 20분밖에 남지 않았다. 부리나케 역전을 향해 뛰었다. 얼마나 급하게 뛰었는지 역에 도착하니 출발시간까지 아직 10분이나 남아 있었다.

갑자기 배가 고팠다. 그러고 보니 점심때가 훨씬 지나 있었다. 역 건너편에 있는 타박으로 달려갔다. 메뉴는 잠봉 샌드위치와 오렌지 주스, 커피, 우유가 전부였다. 열차 안에서 먹기 위해 잠봉 샌드위치와 오렌지 주스 캔 하나를 서둘러 주문했다. 주인장이 샌드위치를 그 자리에서 만들었다. 팔뚝만한 바게트 가운데를 가르고, 버터를 쓱 문지르더니 햄 한 조각을 끼워 넣었다. 그러고는 오렌지 주스 캔 하나와 함께 불쑥 내밀었다.

'이렇게 배가 고픈데 겨우 딱딱한 바게트에 햄 한 장을 끼워주는 형편

없는 것을 먹어야 한다니.'

　결국 기차 안에서 딱딱한 바게트를 억지로 깨물어 먹었다. 먹다가 먹다가 결국은 반밖에 먹지 못하고 나머지는 봉지에 쌌다. 오렌지 주스만 한 잔 마셨다. 배에서는 꼬르륵 소리가 나는데 창밖의 경치는 눈부시게 아름다웠다.

　그 이듬해 여름, 나는 결국 '벨사이유우' 궁에 다녀왔다.

파리에서 꼭 들러야 할 곳

에펠탑 ··· 높이 320.7미터의 강철로 만들어진 탑으로, 1889년 파리 만국 박람회를 기념하기 위해 프랑스의 기사 에펠이 설계했다. 파리의 명소이기는 하지만 파리의 분위기와는 어울리지 않는다. 지상 57미터에 1층 전망대가 있고, 115미터에 2층 전망대, 높이 247미터 3층 전망대가 있다. 엘리베이터를 타고 올라가는데 각 층마다 요금이 다르다. 파리에 오는 사람이면 누구나 한 번씩 들르는 곳이어서 연일 사람이 붐빈다. 곳곳에 경찰이 배치되어 있지만 파키스탄, 인도계의 소매치기들이 관광객의 뒷주머니를 노리고 있으므로 조심해야 한다. 1911년에는 파리 재단사 라이스펠트가 이곳에서 망토 하나만 걸치고 뛰어내렸다가 즉사했다.

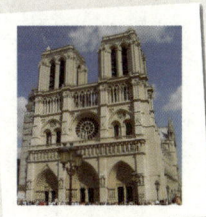

노트르담 성당 ··· 이 건물을 처음 봤을 때 성당 전면에 조각된 대리석 석상이 하도 기가 막혀 한참을 보았다. 한국도 돌의 예술에 관해서는 상당한 수준으로 평가받고 있는데, 노트르담 성당의 조각상들은 돌을 떡 주무르듯이 빚어 놓은 것 같다. 이 건물은 본래 고대 로마인들이 신에게 제사를 지내는 제단이 있었던 곳이다. 1163년부터 시작해 약 170년간 공사를 해서 1333년경 완성된 것으로 알려진다.

콩코르드 광장과 오벨리스크 … 콩코르드 광장은 파리에서 가장 유명한 광장이다. 18세기 처음 만들어질 때 왕의 동상을 세우기로 했으나 프랑스 대혁명 때 동상 대신 왕을 처단하기 위한 단두대를 세웠다. 루이 16세가 바로 여기서 처형되었다. 이 광장의 중앙에 서 있는 오벨리스크는 본래 이집트의 룩소르에 있던 것으로 이집트 총독이 루이 필립 왕에게 바친 것이다. 이집트 총독이 바쳤다고는 하지만 나폴레옹 시대의 전리품이나 다름없다. 3천 2백 년 되었다.

개선문 … 1836년에 완공된 문으로, 전쟁에서 돌아오는 600여 명의 장군과 병사들이 이 문을 통해 파리에 입성했다. 이 문을 만든 사람은 나폴레옹이다. 1805년 오스테를리츠 전투에서 승리했을 때 부하들에게 개선문을 만들겠다고 약속했다. 높이는 50미터이고, 문 안쪽 벽에는 이 문을 통과한 600여 명의 장군과 사병들 그리고 승리한 전투의 이름이 새겨져 있다. 1920년에는 제1차 세계대전에 참전했다가 전사한 무명용사들이 이 개선문 밑에 매장되어 있다. 지금도 그 묘지의 불빛은 꺼지지 않고 매일 저녁 밝게 빛나고 있다.

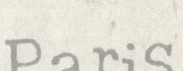

팡테옹 성당 … 1790년에 지어진 성당으로, 죽음의 병에서 회복된 루이 14세가 성녀 주느비에브에게 감사하기 위해 세운 것이다. 볼테르, 루소, 에밀 졸라, 빅토르 위고 등 국가를 위해 공헌한 사람들의 유해가 안치되어 프랑스 사람들에게 신성시되는 장소다.

알렉상드르 3세 다리 … 파리 시내를 다니다보면 가장 많이 거치게 되는 곳이다. 다리 양쪽 끝에 아기 천사와 요정들이 금빛 찬란하게 조각되어 있다. 러시아와 프랑스의 동맹을 기념하기 위해 세워진 다리다.

베르사유 궁 … 역사 이래 가장 크고 화려한 궁전을 짓겠다는 루이 14세의 야심으로 프랑스 전역에 있는 건축가, 조각가, 화가, 원예가, 공예가와 수많은 인부들이 동원되어 지어진 궁전이다. 1710년에 궁전이 완공된 뒤 수백 명의 귀족들이 365일을 먹고 마시고 노래하는 등 사치가 극에 달해 결국은 프랑스 시민 대혁명이 일어나는 빌미가 되었다.

두 번째 골목 | 지중해 연안 프로방스에서 알프스까지

마르세유 행 침대열차

비행기를 타고 파리에 도착하니 오후 5시. 샤를 드골 공항에서 버스를 타고 시내로 들어갔다.

때는 9월 말, 가을빛이 완연하다. 냄새나는 센 강변이라도 한번 폼을 잡고 걷고 싶은데 일정이 너무 빡빡하다. 18일 동안 프랑스에 있을 예정이지만 자유시간은 2박 2일뿐이다.

2박 2일의 짧은 시간 동안 파리에서 배회할 것인가, 아니면 한 바퀴 돌 것인가. 기마 민족의 후예여서인지 나는 한군데 가만히 있지 못한다. 언젠가는 에이비스AVIS 렌터카에서 차를 빌려 일주일간 3천 8백 킬로미터를 뛴 적도 있다. 그러나 혼자서 운전하면서 프랑스를 일주한다는 것은 무리다.

렌터카를 빌려서 전국일주를 할 때는 누군가 옆에서 미슐랭 지도책을 보면서 항법사 노릇을 해주어야 한다. 더구나 프랑스의 고속도로에는 제한속도가 있지만 차들이 거의 무제한으로 속도를 내기 때문에 항법사가

리옹 역에 서 있는 마르세유 행 TGV 열차

옆에서 지도를 보면서 방향을 잡아주어야 한다. 프랑스는 남한의 여섯 배 정도 되는 큰 나라이다.

고민 끝에 기차를 타고 가볍게 일주하기로 마음먹었다. 파리의 리옹 역에서 TGV를 타고 남으로 600킬로미터 정도 떨어진 아비뇽을 거쳐 고대 극장이 있었던 오랑주에 들른 후 다시 로마 시대의 원형 경기장이 있는 님으로 가기로 했다. 그렇다면 한시도 지체할 시간이 없다. 리옹 역에서 밤차를 타고 남프랑스로 내려갈 생각으로 한국 식당에서 육개장 한 그릇을 얼른 먹고 리옹 역으로 나갔다.

지갑을 보니 돈이 달러밖에 없다. 공항에서 100달러만 환전했기 때문이다. 리옹 역 안에 있는 환전소에서 돈을 바꿨다. 환전율이 대단히 나쁘다. 억울하지만 밤 10시가 넘은 터라 군말 않고 환전했다.

여행자는 환전에 신경을 많이 써야 한다. 특히 유럽의 환전소는 모두 개인 소유이기 때문에 환전율이 주인 마음대로이다. 특히 사람이 많이 지나는 곳은 더 심한데 관광지와 역 앞은 늘 환전율이 좋지 않다는 것을 명심하자. 예를 들어, 오페라 극장 앞에서 환전할 때는 환전소 앞에 붙어 있는 환전율 게시판을 유심히 보아야 한다. 어떤 작자들은 환전율을 좋게 내걸고, 막상 바꾸러 가면 수수료는 별도라며 왕창 떼기도 한다. 한마디로 신사답지 못하다.

환전소는 파리 시내에 몇백 미터 간격으로 하나씩 있지만 집집마다 환전율이 다르니 가급적이면 파리에 거주하는 한국인이나 한국 식당에서 어느 곳이 환전율이 좋은지 물어보는 것도 좋다. 한국 식당에서도 환전해 주는데 이 경우가 환전율이 가장 나쁘다. 그러니 한국 식당에서는 아예 바꾸지 말자.

매표소에서 표를 샀다. 밤 10시 40분에 리옹 역을 출발해 새벽 5시 7분에 아비뇽에 도착하는 마르세유 행 TGV이다. 이 열차는 모두 침대칸이다. 비행기를 11시간 타고 오자마자 바로 기차를 타려니 몹시 피곤해서 침대차를 택한 것이다.

기차를 타기 위해 리옹 역 구내로 들어갔다. 굉장히 넓다. 게다가 열여덟 개쯤 되는 출발 라인이 모두 분산되어 있다. 그렇기 때문에 기차가 출발하기 전에 안내소 직원이나 공안원에게 열차 탈 곳을 물어보는 것이 좋다.

안내소로 가니 안내원은 이미 퇴근했는지 보이지 않는다. 가까이에 청소부가 보인다. 하지만 그에게는 묻지 않을 것이다. 언젠가 마르세유로 가려고 청소부에게 물어보았다가 낭패를 본 적이 있다. 그가 가르쳐준 곳에서 아무리 기다려도 열차가 보이지 않아 공안원에게 물어보니 플랫폼을 잘못 알고 있다고 제 위치로 빨리 가라고 야단이었다. 서둘러 갔더니 열차가 서서히 출발하고 있었다. 간신히 올라타서 마르세유까지 갔다. 그후로 청소부에게는 절대 물어보지 않는다. 그들은 이방인이고 또 자주 바뀌기 때문이다.

기차표를 들고 플랫폼을 찾아갔다. 열차 공안원이 표를 끊어주고 있는데 조금 소란해서 다가가서 보니 침대값은 별도란다. 기차표를 보여주고 침대 하나를 달라고 했다. 유럽은 열차 요금이 정말 비싸다. 일본도 마찬가지이다. 교통비는 후진국으로 갈수록 싸다. 그러나 선진국의 기차는 그만큼 시설이 좋다. TGV 열차의 2등석은 일본 신칸센보다 훨씬 더 좋다.

열차를 탔다. 이 열차의 종착지는 지중해변의 휴양 도시 니스Nice이다. 파리의 리옹 역에서 출발해 국제 연극제가 열리는 곳으로 우리에게도 알려진 아비뇽, 님, 마르세유를 거쳐 칸 그리고 니스까지 우리나라의 경부선과 비슷한 코스이다. 다른 점이 있다면 우리나라는 서울역에서 기차를 타면 목포에도 갈 수 있고, 부산에도 갈 수 있고, 삼랑진에도 갈 수 있지만 프랑스는 그렇지 않다. 영국의 런던이나 네덜란드의 암스테르담, 벨기에의 브뤼셀, 독일의 베를린이나 본으로 가려면 파리의 북 역에서, 대서양 쪽의 쉘부르나 도빌에 가려면 생 라자르 역에서, 오스트리아 방면이나 스페인의 바르셀로나로 가려면 오스테를리츠 역에서, 스위스의 제네바, 베른, 마르세유, 이탈리아의 제노바, 나폴리, 로마로 가려면 리옹 역에서 타야 한다. 또 스위스의 바젤, 인스부르크, 독일의 뮌헨, 그리고 터키의 이스탄불로 가려면 파리 동 역에서 타야 한다. 또 프랑스 중부의 낭트로 가는 열차를 타려면 파리 몽파르나스 역으로 가야 한다.

파리에서 가장 큰 리옹 역을 필두로 동 역, 북 역, 오스테를리츠 역과 생 라자르 역, 몽파르나스 역이 있는데, 이 중에서 리옹 역과 북 역, 동 역, 오스테를리츠 역은 국제선 열차이고, 생 라자르 역(파리의 택시 운전수들은 '생 라자' 라고 발음한다)과 몽파르나스 역은 대체로 국내선에 해당된다. 물론 예외도 있다. 포르투갈의 리스본(파리에서는 '리스보아' 라고 표기)으로 떠나는 열차는 몽파르나스 역에서 출발한다. 한마디로 노선이 굉장히 복잡하다. 파리가 유럽의 중심이다 보니 각 방면으로 떠나는 기차 역이 모두 다른 것이다.

밤 10시 40분. 열차가 서서히 출발한다. 칸막이로 나뉘어진 침대열차 안은 4층 침대가 좌우로 하나씩 있어서 여덟 명이 사용할 수 있다. 내 침대는 오른쪽 맨 아래 칸이다. 발 밑에 있는 하얀 시트를 깔고 누웠다. 침대는 상체를 일으키면 머리가 바로 위 침대에 닿을 정도의 높이다. 거의 숨이 막힐 지경이다. 방 입구에서 20대의 프랑스 젊은이 다섯 명이 서서 열심히 떠들고 있다. 자리에 누웠다. 몸이 물에 젖은 솜처럼 피곤하다. 열차의 움직임이 느껴진다. 누가 오라고 했는가. 누가 기다리고 있는가. 피곤한 몸으로 밤열차를 타라고 한 이는 아무도 없다. 그러나 나는 이렇게 떠나고 있다.

그동안 프랑스 전국일주만 네 번 정도 했다. 자동차를 빌려서 두 번, 나머지 두 번은 열차와 버스로 도시를 이동한 후 지방에서는 렌터카를 이용했다. 프랑스는 갈 때마다 흥미롭고 재미있다.

열차 공안원이 표를 검사하러 왔다. 그는 내가 내릴 곳이 아비뇽이라는 것을 확인한 후 차트에 무언가를 적는다. 프랑스 사람들은 포도주나 마시면서 베짱이처럼 늘어지게 놀거리만 찾을 것 같은데 일을 할 때는 철저하다.

잠이 쏟아진다. 코 고는 소리가 내 귀로 흘러든다. "이번 역은 아비뇽……"이라는 안내 방송이 희미하게 들린다.

'벌써 여섯 시간이 흘렀나.' 잠결에 생각한다. 어느 틈에 왔는지 열차 공안원이 속삭이듯 "아비뇽"이라고 말해 준다. 수백 명의 승객을 태우고 니스까지 가는데 그는 승객마다 찾아다니며 깨우고 있나. 일에 관해서는 빈틈이 없다.

가방을 들었다. 기차에서 내려 시계를 보니 정확하게 5시 7분. 1분도 어김없이 기차는 아비뇽에 도착했다.

Tip
한여름에는 유레일패스 1등석 표를 사자!

한여름에 유레일패스 2등석 표를 가지고 TGV를 탄 적이 있다. 파리에서 바르셀로나 구간이었는데 TGV는 초만원이었다. 한여름에는 전 세계에서 사람들이 모두 유럽, 특히 파리로 몰려들기 때문이다. 여행 오는 이들은 대개 배낭족이기 때문에 2등석에 타는 사람은 거의 서서 가야만 했다. 사람이 많다보니 냉방조차 제대로 안 돼 열차 칸은 그야말로 찜통이었다. 이에 비해 1등석은 텅텅 비어 있었다. 냉방도 잘 되고 2등석에 비하면 천국이었다. 기차 요금을 조금 아끼기 위해 2등석 표를 산 사람은 인내심을 최대한 발휘하며 찜통 같은 더위를 참고 있었다. 한여름에 열차를 탈 일이 있으면 반드시 1등석 표를 끊어라. 체력도 비축되고 수면이라도 취할 수 있기 때문이다.

아비뇽의 새벽길

아비뇽을 여러 차례 지나갔지만 내리기는 이번이 처음이다. 구내 대합실에는 서너 명이 서성거리고 있고, 역사 밖은 캄캄하다. 차도 없고 행인도 없다. 이 새벽에 어디로 갈 것인가. 역사 안의 커피숍도 문을 열지 않았고, 잡지와 신문을 파는 가판대도 굳게 잠겨 있다. 택시 정류장에 택시도 보이지 않는다. 어디로 갈 것인가.

출발할 때는 '아비뇽 유수幽囚', 즉 중세에 교황이 유폐되었던 곳을 보고 싶었다. 그러나 그 유폐지가 어디에 있는지 알 길이 없다. 책을 꺼내 그 위치를 찾았는데 밖이 어두워서 가늠이 잘 되지 않았다. 어쩔 수 없이 역사 앞에 무작정 서 있었다. 어슴푸레한 성곽 너머에 달이 무심하게 떠 있다. 캄캄하지만 걸어보자. 이 어둑새벽의 시가지를 한번 걸어보자.

플라타너스가 늘어선 가로수 길을 걷다보니 시내 중심이다. 불이 켜진 쇼윈도 안에 양복이 폼나게 걸려 있고, 여성 구두 가게에도 불이 켜져 있다. 단정하게 손님을 기다리고 있는 빨간 구두들. 그 곁의 머플러, 모자,

핸드백 등 여성용품을 파는 가게가 있다.

그 거리를 15분쯤 걸었다. 길이 끝나고 광장이 나왔다. 광장 주위로는 카페, 타박, 레스토랑이 빙 둘러 있는데 가게마다 노천에 하얀 의자며 테이블이 그대로 방치되어 있다. 광장 중앙에는 회전목마가 서 있다. '메리 고 라운드merry-go-round'이다. 금박과 흰색으로 칠해진 몸통에 눈을 크게 뜬 수십 대의 목마가 이방인을 바라보고 있다.

여기가 끝인가? 아니다. 가만히 보니 광장의 끝에 자그마한 극장이 있다. 그 극장 앞에 포스터가 여러 장 붙어 있어 달려가보니 아비뇽 연극제 포스터이다. 그러나 아비뇽 연극제는 이미 한 달 전에 끝났다.

세계적인 연극제여서 극장도 어마어마할 줄 알았는데 아주 조그마하다. 중학생 때 '쇼도 보고, 영화도 보고'라는 극장이 있었다. 한국 영화가 하도 파리를 날리니까 영화 한 편을 틀어주고, 그것이 끝나면 삼류 가수와 배우들이 나와 춤을 추고 노래도 부르는 극장이었다. 그런 극장은 대개 변두리에 있기 마련이고, 규모도 대체로 작다. 국제 연극제가 열렸다는 이 극장도 거기서 크게 벗어나지 않는다. 이 정도의 극장에서 세계적인 연극제를 열다니. 그 용기와 배짱이 놀랍다. 아마도 관광객을 유치하기 위한 고육지책苦肉之策이었을 것이다.

극장을 지나쳐 광장 끝에 있는 우람한 대리석 건물 앞으로 갔다. 건물 벽 사이에 골목길 하나가 있다. 그 안으로 들어갔다. 바닥에 그야말로 포석鋪石이 초등학교 운동장만큼 깔린 광장이 있고, 그 옆에 우람한 대리석 건물이 마치 고대의 궁궐처럼 서 있다. 가만히 보니 교황이 유폐되어 살

앉던 바로 그 교황청이다. '아비뇽 유수'라는 역사적 사건의 무대가 바로 내 앞에 서 있는 것이다.

아비뇽 유수는 로마에 있던 교황청이 남프랑스의 아비뇽으로 옮겨지고 프랑스 왕의 세력 아래에 놓인 사건(1309~1377)으로, '교황의 바빌론 유수'라고도 한다. 이는 교황권의 쇠퇴를 상징한다. 프랑스 왕 필리프 4세와 교황 보니파키우스 8세의 싸움이 발단이 되어 필리프 4세는 프랑스인인 클레멘스 5세를 교황으로 세웠고 이후 69년간 교황청은 아비뇽에 있게 되었다. 우람한 대리석 건물에는 창마다 쇠창살이 둘러져 있어 마치 감옥처럼 보인다. 텅 빈 광장에 망연히 서서 달과 함께 그것을 바라보았다.

광장을 돌아서 나오니 청소차가 쓰레기 봉투를 담고 있다. 아비뇽의 하루가 시작된 것이다. 가을비가 흩뿌린다. 어느새 메리 고 라운드의 목마도 젖고, 노천카페의 의자도 젖고, 떨어진 낙엽도 비에 젖었다. 역사로 돌아와보니 구내 카페가 문을 열었다.

머리를 말리기 위해 에스프레소 커피를 한 잔 시켰다. 옆 테이블에 외인부대원 두 명과 여인 두 명이 커피를 마시고 있다. 외인부대원들은 사복을 입었는데 더블백 위에 하얀 군모가 놓여 있다. 짧게 자른 머리로 보아서 아직 계급이 낮은 사병인 것 같다.

아비뇽에는 외인부대 분견대分遣隊가 있다. 그리고 여기서 30분 정도 떨어진 오랑주라는 고대 도시에는 외인부대 기갑연대가 있다. 그 기갑연대에 한국 출신 사병이 몇 명 있다는 얘기를 들은 적이 있다. 그들에게 한국 출신 사병들에 대해 좀 물어볼까? 외인부대원들은 부대 안의 사정을 함부로 발설할 수 없다는 것을 잘 알고 있다. 그렇다고 궁금한 것을 참을 내가 아니다. 넘겨짚기로 했다.

"무슈 실부쁠레. 레종 에뜨랑제(실례합니다. 외인부대원입니까)?"

사병 한 명이 "위, 위(네, 네)" 하고 대답했다. 나는 오랑주에 캐프럴 무슈 김이 아직도 있냐고 물어보았다. '캐프럴'은 병장을 지칭한다. 사실 나도 무슈 김이라는 사병이 있는지 모른다. 한국인이 여럿 있다는 얘기를 들은 터라 그 중 김씨가 한 명 정도 있겠지 하는 마음에 넘겨짚은 것이다. 그런데 뜻밖에 김씨 성을 가진 병장이 한 사람 있다고 한다. 우연이지만 잘 맞아떨어졌다. 들은 대로 한국인이 여기까지 와 있다! 그곳에 가보고 싶다.

기차 시간표를 보니 오랑주로 가는 지선 열차가 15분 후에 출발할 예정이다. 담배를 비벼 끄고 기차표를 샀다.

오랑주에서

아침 8시, 오랑주 역에 도착했다. 역사를 보니 한마디로 깡촌이다. 역사는 신촌 기차역보다 더 작다. 역 앞에 흔히 있는 택시도 보이지 않고, 행인조차 한 명도 없다. 열일곱 살쯤 되어 보이는 아랍인 소년과 함께 내렸는데 그 소년은 대기하고 있던 승용차를 타고 휑하니 가버렸다.

역사 앞에 작은 모텔이 두 개 있다. 그러나 영업을 안 하는지 모두 불빛이 없다. 날이 훤하게 밝았는데 차도 보이지 않고 조용하기만 하다. 프랑스의 작은 동네는 원래 이런가? 생각해 보니 오늘은 일요일이다. 그래서 이렇게 동네가 조용한가 보다.

어디로 갈 것인가. 일단 시내로 들어가야 할 것 같다. 택시도 없고, 버스도 보이지 않아 역 앞으로 뻗어 있는 길을 무작정 걸었다. 트레이닝복 차림으로 개와 함께 뛰고 있는 40대의 아저씨가 보이고, 자전거 바구니에 바게트를 사가지고 집으로 돌아가는 프랑스 아줌마도 보인다. 방향을 잘 모르겠다.

마침 웬 60대의 아랍인 할아버지가 지나간다. 할아버지를 붙들고 시내 중심이 어디인지 물어보았는데 이 할아버지 영어를 한마디도 알아듣지 못한다. 끈질기게 붙들고 '타박', '레스토랑', '다운타운', '센터' 등 각종 어휘를 동원해서 물어본 결과 할아버지는 겨우 알아듣고 시내의 중심을 손짓으로 가르쳐준다. 그 방향으로 걷다보니 번화한 사거리가 나왔다. 이 사거리에 서니 또 어디로 가야 될지 모르겠다. 신호등 앞에 서서 주위를 살펴보니 광장이 있고, 광장 주변에는 빵집, 레스토랑, 타박, 양장점, 은행도 보인다. 여기가 시내 중심인가? 유럽은 광장의 문화라더니 정말 광장을 중심으로 모든 게 모여 있다.

밤기차에서 내려 세수도 제대로 못했더니 샤워가 하고 싶어졌다. 그러나 프랑스에는 공중목욕탕이 없다. 파리 시내에는 아예 없고, 일 드 프랑스에는 있다는데 아직 가본 일은 없다. 물론 집집마다 샤워 시설이 되어 있으니 목욕탕이 필요 없을지도 모르겠다. 그렇다고 온천이 있는 것도 아니다. 아직 나는 프랑스에 온천이 있다는 말을 듣지 못했다. 목욕에 인색하고 화장실에 인색한 나라가 바로 프랑스이다. 이럴 때는 일단 타박으로 가야 한다. 거기서 커피 한 잔 시키고 샌드위치 한 조각을 먹은 뒤 화장실에 가서 얼굴도 씻고 볼일도 봐야 한다.

광장의 한복판에 섰다. 골목길이 여러 갈래로 뻗어 있고, 그 길 너머로 거대한 성벽이 보인다. 가만히 보니 성벽이 아주 오래되어 주저앉을 것 같다. 그 성벽은 로마 시대의 극장이다.

프랑스 정부가 문화 유적을 잘 보존하고 있지만 이렇게 오래된 유적은 드물다. 종교전쟁, 프랑스 대혁명, 제2차 세계대전 같은 전쟁을 여러 차례 치르면서 문화재가 많이 훼손되었기 때문이다. 그러나 남프랑스 쪽으로 내려오면 그런 유적을 꽤 많이 볼 수 있다. 그 중 '로망Roman'이라는 마을이 있다. 관광 가이드북에도 나오지 않는 아주 작은 마을인데, 고대 로마 시대 때 벽돌로 지어진 다리와 수로가 지금까지도 잘 보존되어 있다. 이 마을은 마치 고대 로마 시대에서 시계가 멈춰버린 것처럼 2천 년 전의 관개 시설이 옛 모습 그대로 남아 있다. 남프랑스에서 알프스 산맥 방향으로 올라가다 보면 만날 수 있는 마을이다.

오랑주의 고대 극장도 그런 모습이다. 안내 책자를 보니 이 지역은 고대 로마 제국의 땅이었다. 그때가 기원전 2세기쯤이니 이 고대 극장은 지금부터 2천 2백 년 전의 것이다.

고대 극장 앞에 있는 타박 두 군데가 문을 열었다. 손님 서너 명이 커피에 아침식사를 하고 있는 타박으로 갔다. 남자 손님들은 주인과 수다를 떨고 있고, 젊은 여성 한 명은 테이블에 혼자 앉아 커피를 마시면서 담배를 피우고 있다. 그 여자는 금발이다. 나는 금발이 늘 신기하다. 어떻게 인간에게서 저런 빛깔이 나올 수 있을까? 「신사는 금발을 좋아한다」라는 영화도 있었지만 금발은 확실히 튄다.

스탠드에 앉았다. 60대의 주인에게 에스프레소 커피 한 잔과 샌드위치 하나를 주문했다. 그리고 그 사이 화장실로 가서 얼굴을 씻었다.

2천 년 전 고대 극장의 객석에 앉아

고대 로마 극장 입구로 갔다. 아직 9시가 채 안 되었다. 입장료를 받는 것 같은데 매표구가 문을 안 열었다. 그 앞에 서서 매표원이 나오기를 기다렸다.

9시 정각, 매표원이 매표구를 열면서 "봉쥴" 하고 인사를 한다. 내가 오늘의 첫 손님이다. 표를 한 장 샀다. 입장료가 생각보다 비쌌다.

계단이 위로 꼬불꼬불 뻗어 있다. 너무 오래된 화강암이라 밟을 때마다 먼지가 펄펄 이는 듯하다. 계단은 3층 높이에서 끝이 나고, 극장 안으로 들어가는 통로가 있다. 동대문야구장과 같은 구조다. 극장 입구에 들어서니 거대한 반원형 극장이 한눈에 들어온다. 무대를 향해 있는 수천 개의 객석들. 2천 2백 년 전에 이 동네 사람들은 이런 거대한 극장에 앉아 오페라와 연극을 즐겼다니, 생각할수록 놀랍다. 우리나라에는 그때 아직 국가다운 국가가 없었던 시절이다. 신라나 백제가 국호를 만들고 건국을 한 것은 모두 그 이후의 일이다.

오랑주에 있는 고대 로마 극장. 극장 입구에 서서 보면 거대한 반원형 극장이 한눈에 들어온다.

팸플릿을 보니 여기서 얼마 전에 오페라 「아이다」가 열렸다. 아직도 그때의 무대 장치가 그대로 남아 있다. 높이 36미터, 길이 103미터의 이 거대한 성벽을 배경 삼아 무대를 만들었는데, 성벽의 중간중간에는 로마의 장수들이 갑옷을 입고 당당한 모습으로 서 있다. 2천 년 전의 조각인데, 부라린 눈이며 그 표정이 아직도 살아 있다. 이 오래된 조각과 성벽을 무대로 하여 「아이다」를 공연한 것이다.

무대를 바라보고 있노라니 「아이나」의 합창 소리가 들려오는 것만 같다. "만세, 만세, 만만세. 용사들, 돌아오누나. 만세, 마안세, 만만세" 하는 그 합창 소리.

고대 로마의 극장에서 상연되는 고대 로마의 오페라 「아이다」. 오랑주 사람들은 이 오래된 성벽을 훌륭하게 이용해 문화상품으로 만들어 자기 고장을 빛내고 있다. 우리나라는 왜 이런 생각을 하지 못하는 것일까? 수

원성의 성벽을 배경으로 오페라 「정약용」을 공연할 수도 있고, 부여의 부소산성에서 「의자왕과 3천 궁녀」를 공연할 수도 있다. 보길도의 부용동에서 윤선도의 「어부사시사」를 연가극으로, 경복궁에서 근정전을 배경으로 오페라 「대원군」을 만들 수 있는 것이다. 몇 해 전 중국의 영화감독 장예모는 인도 출신의 지휘자 주빈 메타와 함께 자금성에서 오페라 「투란도트」를 공연해서 세계적인 주목을 받았고 흥행에도 성공하지 않았는가.

원형 극장 객석 안에 나는 홀로 앉아 있다. 수천 명이 앉을 수 있는 고대 로마 극장에 혼자 앉아 있으니 휘휘하다. 난데없이 역사를 생각하고 문화를 생각한다.

그들이 오페라를 보며 열광했을 그 객석에 앉아 있으니 그들의 심장 뛰는 소리가 들리는 것만 같다. 그들의 박수 소리가 귓가에 울리는 것만 같다. 그들의 문화의 체온이 느껴진다. 2천 년 전에 바로 이 극장에 앉아 오페라를 감상했던 사람들. 그들은 먼 옛날 사람들이 아니다. 2천 년이라는 물리적 시간을 뛰어넘어 그들도 나도 관객인 셈이다.

가방에서 엽서를 한 장 꺼내 딸에게 쓴다. 엽서를 다 쓸 때까지 이 체온이 사라지지 않기를 바라며…….

어느새 남프랑스의 가을해가 중천에 떠 있다. 지중해가 가까운 남프랑스의 강렬한 햇빛이 폭포처럼 쏟아진다. 바람이 선선하다. 눈을 감고 눈부신 태양빛을 쬐면서 싱그러운 공기를 가슴속 깊이 들이마신다.

아아, 살아 있다는 것은, 찬란한 것이다!

아랍인 할아버지

다시 시내 광장으로 갔다. 죽 늘어선 그림엽서 가게들이 한눈에 들어온다. 그 중 한 가게에 가서 엽서 몇 장 고르고 계산대에 갔는데 아침에 타박에서 본 금발의 아가씨가 서 있다. 그녀도 나를 알아보고 쿡쿡 웃는다. 돈을 내고 나왔다. 관광철도 아니고 유명한 관광지도 아닌 시골 마을에 찾아온 동양 손님이 신기한 듯 내 뒷모습을 한참 바라보는 점원들의 시선이 느껴졌다.

자, 이제는 어디로 갈 것인가. 딱히 갈 곳이 없다.

새벽에 만난 외인부대원에게 물어본 무슈 김을 찾아가볼까? 그러나 외인부대가 어느 구석에 붙었는지 알 길이 없다. 군부대는 지도에 결코 표시되는 일이 없으니까.

다시 광장으로 걸어갔다. 광장 중심에 분수대가 있고, 플라타너스 고목이 몇 그루 서 있는데 그 아래에는 비둘기들이 모여 모이를 쪼고 있다.

택시를 잡아타고 외인부대로 갈까? 그런데 택시라고는 도통 보이지 않는다. 우리나라는 시골이라도 시내에 나가면 택시든 렌터카든 다 볼 수 있는데 여기는 시내 중심인데도 택시의 그림자조차 보이지 않는다. 주위를 둘러보고 있는데 새벽에 길을 물었던 아랍인 할아버지가 내 곁을 지나간다. 왠지 반갑다. 할아버지도 나를 보더니 아는 체한다. 이제는 서로 구면이 되었다. 다시 그 할아버지에게 택시를 어디서 타는지 물었다. 할아버지의 말인즉 택시를 타려면 타박에 가서 전화로 불러야 한다는 것이다. 그러면서 바로 코앞에 있는 타박에 함께 가자고 했다. 자기가 타박 주인에게 택시를 불러주도록 말해 주겠다는 것이다.

타박으로 들어갔다. 여느 타박과 마찬가지로 수십 종의 담배와 커피, 맥주, 위스키 잔술을 팔고 있었다. 할아버지가 타박 주인에게 택시를 불러달라고 했다. 잠시 후 주인이 10분쯤 지나면 택시가 올 거라고 했다. 기다리는 동안 무료를 달래기 위해 커피 두 잔을 시켰다. 아랍인 할아버지는 자기는 괜찮다며 극구 사양했다. 하지만 내가 미안하기에 할아버지에게도 커피를 한 잔 대접했다.

커피를 마시면서 할아버지의 행색을 보니 가난함이 느껴진다. 무릎이 튀어나온 바지, 낡은 와이셔츠 깃, 신발도 꼬질꼬질하다. 할아버지가 오늘은 어디서 자느냐고 묻는다. 호텔이라고 대답하자 굉장히 안됐다는 표정을 지으며 "우리 집, 우리 집"이라고 말한다. 이건 무슨 말이지? 생면부지의 나그네를 재워주겠다는 뜻인가? 그러나 그럴 수는 없다. 그냥 호의로만 받아들이자.

프랑스에 사는 아랍인들은 힘겹다. 북아프리카의 알제리, 모로코, 차

드, 지부티 등의 국가가 과거 프랑스의 식민지였을 때 그 나라 사람이 프랑스로 많이 건너왔다. 이들 대부분은 청소부, 경비원, 식당 종업원, 봉제공장 공원으로 일하거나 조그맣게 장사를 하며 생계를 이어간다. 돈도 없고 배운 것도 없고 '빽'도 없으니 청소부로 일하며 평생을 살아갈 수밖에 없는 것이다. 꼭 일제 강점기 때 우리 민족 같다.

여기에서 프랑스가 무서운 이유를 또 하나 발견할 수 있다.

공항을 통과할 때 여권을 보는 둥 마는 둥 통과시키고, 체류 기간에 제한을 두지 않아 몇 달이고 몇 년이고 이방인을 살게 하지만 막상 프랑스 내에서 이방인이 할 수 있는 일은 아무것도 없다. 일을 하려면 노동허가증이 있어야 하는데 노동허가증의 발부 대상은 프랑스 시민권을 획득한 외국인이거나, 외국인이라도 대학교에서 공부하는 학생뿐이다.

노동허가증이 있으면 직장도 가질 수 있고 아르바이트도 할 수 있지만 그것 없이 아르바이트를 하면 불법 노동자로 분류된다. 노동허가증이 있어도 생활이 어렵기는 마찬가지이다. 일을 해도 벌 수 있는 돈은 간신히 입에 풀칠하는 수준이다. 그러니 파리에 오래 있고 싶은 외국인은 돈이 많아야 한다.

파리에는 불법 체류자가 수십만에 달한다. 베트남, 아랍, 러시아, 파키스탄, 인도에서 온 사람들이다. 그러나 파리시는 평상시에 그들에 대해 모르는 척 눈감아 준다. 그들은 식당 청소, 주방 설거지, 개통 청소, 쓰레기 수거, 신문 배달, 우유 배달 등 파리시의 지저분한 일을 다 해주기 때문이다. 그러나 일단 걸리면 단호하게 처벌한다. 그들뿐만 아니라 불법 노동자를 고용해서 일을 시킨 업주에게도 세금을 살벌하게 때려 처벌을 가한다. 불법 노동자들은 인건비가 싸기 때문에 업주가 그만큼 이익을 누렸다고 판단해서이다.

프랑스는 세금 징수에 관해서는 철저한 나라이다. 세금을 매길 때 그동안 경비를 증명할 수 있는 영수증이 없으면 무자비하게 세금을 때려버린다. 워낙 세금을 많이 거둬가는 나라여서 세금을 내고 나면 남는 게 없을 정도이다. 버는 돈의 50퍼센트는 세금으로 고스란히 내야 하니 프랑스 사람들은 탈세를 일삼는다. 문제는 그 법이 외국인에게는 더 철저하다는 것이다. 탈세가 포착될 경우 철저하게 조사한다. 그리고 세금을 추징한다.

특히 프랑스 시민권을 가진 외국인들은 세금 때문에 많은 고난을 당한다. 더 철저하게 조사하고 세금을 더 많이 때리기 때문이다. 파리의 식당에서 만난 '안나'라는 유고 출신의 여성은 식당을 하다가 탈세 혐의로 조사를 받은 끝에 세금을 왕창 내게 되었다. 결국 그녀는 자기 식당을 팔았고, 지금은 그 식당에서 종업원으로 일하고 있었다.

또 파리에서 식당을 하는 친구 하나도 프랑스 시민권이 있었지만 세금 때문에 결국 가게를 처분해야 했다. 세금은 현금으로 납부해야 하는데 수억 원에 이르는 현금을 통장에 쌓아놓고 장사하는 사람이 누가 있는가. 결국은 가게 문을 닫을 수밖에 없었다.

프랑스 정부가 사람 고기까지 먹었다는 우간다의 이디 아민 전 대통령의 망명을 허용해 주고, 그가 파리에 살 수 있도록 허가해 준 이유는 무엇일까? 표면적으로는 정치 망명에 관대한 프랑스의 자유, 평등, 박애 정신 때문이라지만 실질적인 이유는 그들이 프랑스에서 펑펑 써대는 돈 때문이 아닐까? 망명자들은 돈 한 푼 벌 수 없는 처지이니 가진 돈을 써대며 프랑스에 머물러 있기 때문이다.

프랑스는 양면성을 가진 국가이다. 표면적으로는 자유와 평등, 박애의 나라이지만 지금도 여전히 아프리카에 식민지를 가지고 있다. 아프리카의 식민지 백성들에게도 자유, 평등, 박애가 모두 필요하다. 아랍 해방전선, 알제리 무장독립단체, 차드 민족해방전선 등이 자주독립 수호의 의지가 아니고 무엇이겠는가. 그러나 프랑스는 끝내 그 식민지를 유지하기 위해 애를 쓰고 있다.

우리나라도 한때 일본의 식민지였다. 그런데 일본의 보수 우익 진영 중 일부는 "일제 36년간 우리는 너희들을 가르치고, 먹이고, 나라를 발전시켰다"라고 말하기도 한다. 마찬가지로 프랑스도 겉으로는 자유, 평등, 박애를 부르짖지만 실제로 식민지 백성들이 자유, 평등, 박애를 느끼고 있는지는 의문이 아닐 수 없다.

기다리는 사이 택시가 왔다. 이제는 오늘 두 번 만난 이 할아버지와 작별할 시간이다.

자, 아랍인 할아버지! 인연이 있다면 또 만나겠지요. 안녕!

외인부대원 김 병장

택시는 불과 10분도 안 되어 외인부대 정문에 도착했다. 걸어도 20분이면 도착할 수 있는 가까운 거리인데 괜히 택시를 탔다. 요금도 바가지이다. 아마 택시 회사에서 출발할 때부터 미터를 켜고 나왔을 것이다. 그러나 내가 불렀으니 하는 수 없다.

육중한 철문으로 닫혀 있는 부대 정문에는 정복을 입은 보초 두 명이 서 있다. 프랑스제 파무스 소총에 착검까지 한 위병소의 보초가 다가온다.

"캐프럴 무슈 김을 면회하러 왔습니다."

보초가 위병소로 안내해 주었다. 위병소에는 하사관 둘이 근무를 하고 있었다. 무슈 김을 만나러 왔다고 하니 어떤 관계냐고 묻는다. 사촌 형이라고 했더니 메모지를 주면서 이름을 영어로 쓰라고 한다. 잠시 망설였다. 무슈 김은 내가 누군지 모른다. 이름만 써주면 이런 사촌 형이 없다는 반응이 나올 것이 뻔했다. 하는 수 없이 메모지에 '취재차 들렀습니다.

다큐멘터리 작가 홍하상입니다'라고 한글로 썼다.

위병 하사가 한글을 보더니 고개를 갸우뚱댄다.

프랑스 외인부대는 일종의 특수부대이다. 본래는 대통령 직할 부대였는데 드골 정권 때 알제리에 있었던 외인부대원들이 일종의 쿠데타를 시도하는 바람에 국방장관 직할 부대로 격하되었다. 부대의 성격 때문에 언론의 취재에 대해서 민감하게 반응한다. 모든 사병이나 하사관, 장교는 언론의 취재에 개인적으로 응할 수 없고 반드시 사전 허가를 받아야 한다. 사진도 일절 찍을 수 없다. 만일 현역병이 찍힌 사진이 신문에 나오면 징계가 따른다. 모든 것은 철저하게 보안되어 있다.

위병 하사관이 메모지를 들더니 무슈 김에게 구내전화를 걸었다. 난데없는 한국의 사촌 형이 면회를 왔다고 하자 무슈 김이 당황한 모양이다. 나를 바꿔주었다.

"누구세요?" 그가 물었다.

"아비뇽을 지나가다 한국인이 있다는 얘기를 들었습니다. 바쁘지 않다면 만나서 외인부대 얘기를 듣고 싶습니다."

그가 망설이다가 10분 정도만 기다려달라고 한다.

나는 위병소 건물 밖으로 나가 그가 오기를 기다렸다.

잠시 뒤 후줄근한 근무복 차림으로 무슈 김이 위병소로 왔다. 172센티미터 정도의 키에 곱상한 얼굴이다. 우락부락한 외인부대원을 연상했는데 전혀 그렇지 않다. 구릿빛 피부에 군살이라고는 전혀 없고, 허벅지 근육이 얼마나 발달했는지 바지 밖으로 튀어나올 것 같다. 건강미가 넘친다. 명찰에는 영문 이니셜로 'KIM ○○'라고 씌어 있다.

나를 보더니 혹시 취재를 하러 오지 않았나 살핀다. 사실 가방 속에는 6밀리 디지털 비디오카메라가 있고, 한손에 잡히는 소형 스틸 카메라도 있다.

사실 그동안 한국의 각 방송사에서는 외인부대에 관한 다큐멘터리를 만들기 위해 여러 번 시도했다. 내가 알고 있는 것만도 세 번이 넘는다. 하지만 다 실패했다. 간단한 10분짜리 보도 프로그램이 한 번 방송된 게 고작이다. 경계하는 눈치가 역력해 우선 그를 안심시켰다.

"나는 오늘 귀하를 취재할 생각은 없습니다. 취재는 나중에 외인부대에 정식으로 공문을 보낸 후에 하고 싶고, 오늘은 외인부대에 근무하는 한국 사병들에 대한 얘기를 좀 듣고 싶어 왔습니다."

무슈 김은 잠시 생각하더니 세 시간쯤 후에 만나자고 한다. 그를 세 시간 후에 만나려면 오늘 여기서 하루 묵어야 한다. 약속 장소는 부대 가까이 있는 '생 장 호텔'로 정했다.

부대 밖으로 나오니 햇살이 분말처럼 하얗게 부서지고 있다. 눈이 부시다. 프로방스 지방이 프랑스에서 가장 볕이 좋은 곳일 것이다. 특히 지중해 쪽으로 가면 햇살은 더 강해진다. 5월 초가 되면 햇빛에 오래 서 있으면 일사병으로 쓰러지는 경우도 있다고 한다.

부대 정문에서 시내 쪽으로 10분 정도 걸어가면 3층짜리 자그마한 생 장 호텔이 나온다. 건물 벽이 워낙 두꺼워 외부의 더운 기운을 차단하기 때문인지 건물 안은 시원했다. 주위를 둘러보니 이곳은 식당이다. 테이블이 열 개쯤 있고, 테이블마다 꽃이 꽂혀 있다.

식당을 통과해서 좀더 안으로 들어가니 호텔 카운터가 있다. 손님이 들어섰는데 안에서는 인기척이 없다. 카운터 책상 위에 있는 종을 흔들자 안에서 60대 할머니가 나왔다. 방이 있냐고 물었더니 "물론"이라고 대답한다. 지방이어서인지 파리 시내보다 방값이 훨씬 싸다.

열쇠를 받아들고 3층에 있는 방으로 갔다. 복도가 꼬불꼬불해서 마치 미로 속에 들어온 것 같다. 투숙객이 없어 실내 또한 적막하다.

밤차를 타고 내려오자마자 아비뇽의 새벽거리를 걷고, 다시 오랑주에서 헤맸더니 몹시 피곤하다. 배도 고픈데 잠이 쏟아진다. 깜빡 졸았나. 전화벨이 울린다. 무슈 김이 약속시간보다 한 시간 일찍 호텔 로비에 와 있다. 로비로 내려가니 그가 정복을 입고 서 있다. 희디흰 캐피블랑을 쓰고, 제복 상의에는 각종 배지를 달고, 바지 주름을 칼같이 잡았다. 그와 함께 시내로 들어갔다.

5분 정도 걸었다. 아침에 엽서를 썼던 고대 극장의 웅장한 성벽이 정면으로 보이는 선술집 노천 테이블에 앉았다. 플라타너스 고목이 남프랑스의 콕콕 쪼는 듯한 햇빛을 가리고 있다. 크로넨부르 맥주를 한 잔씩 시켰다.

김 병장은 30대 중반으로, 한국에서 회사 생활을 하다가 4년 6개월 전에 이곳으로 입소했다고 한다. 그는 코소보 내전에 참전해서 치안 유지 담당을 하다가 얼마 전에 복귀했다고 한다. 외인부대원은 전투 지역에 나갔다 오면 전투수당이 100퍼센트 나오기 때문에 금전적인 어려움은 없다고 한다. 오후 6시에 일과가 끝나면 동료들과 술을 마시러 가거나 휴가 때 유럽 각지를 여행 다닐 수 있을 만큼의 여유는 된다며 씩 웃는다.

그가 근무하는 기갑연대에는 한국 사병이 열 명 있는데 자신의 계급이 가장 높다고 한다. 얼마 전에 한국에서 방위로 근무했던 사람이 들어왔다고 한다. IMF 전에는 한국인 사병이 20명 남짓이었지만 IMF 사태가 터지면서 급격하게 늘어나 지금은 80여 명 정도라고 한다. 그들은 코르시카, 오바뉴, 님 등지에서 근무하고 있다.

외인부대에서 한국인 사병은 최상의 성적을 유지하고 있어 인정을 받고 있다고 한다. 그러나 그들은 의사소통의 문제로 스트레스를 많이 받는다. 그럴 때면 한국 출신끼리 파리로 나가 술도 마시고 노래도 부르며 스트레스를 푼다고 한다. 그들이 자주 가는 곳은 내 친구가 운영하는 '라 파리지엔느'였다. 단란주점을 운영하는 K와 내가 친구라고 말하자 김 병장은 깜짝 놀랐다.

그는 6개월 뒤에 제대를 하는데 그후에 무슨 일을 할지 고민이라며 머리를 긁적인다. 제대 후 한국에는 다시 돌아가지 않겠다고 한다. 이유를 물어보니 한국이 답답해서란다.

외인부대 제대병에게는 프랑스 시민권을 준다. 그러나 얼마 전 10년짜리 시민권을 주는 것으로 바뀌었다가 다시 외인부대 출신들의 귀화를 허용하는 법안이 프랑스 의회에서 통과됐다. 그와 맥주를 세 잔쯤 마시며 대화를 나누다보니 세 시간이 지나 있었다.

잠시 후 귀대시간이 되었다며 그가 자리에서 일어섰다. 일어서는 모습이 씩씩하다. 몸과 마음이 모두 건강한 젊은이다. 며칠 뒤 부대 대표 마라톤 시합에 출전한다는 말을 끝으로 그는 부대로 돌아갔다. 나는 뛰어가는 그의 뒷모습을 오랫동안 서서 바라보았다.

  그와 헤어지고 호텔로 돌아오는 길, 남프랑스의 긴 해도 어느덧 지고 있었다.

마르세유 구항구의 아랍인 거리

마르세유Marseille로 왔다.

오랑주에서 마르세유까지는 기차로 불과 한 시간밖에 안 걸린다. 이 항구 도시는 파리, 리옹 다음으로 프랑스에서 큰 도시이다. 인구는 약 50만 정도이고, 남프랑스의 중심이다. 마르세유는 신항구 거리와 구항구 거리로 나뉘는데 나는 지금 구항구에 와 있다.

구항구의 밤거리. 프랑스 사람들은 이곳을 '막세에'라고도 부른다. 역을 빠져나오니 거리가 어수선하다. 사람들도 수선스럽게 바쁘다. 프랑스에는 이런 도시가 없는데 여기는 좀 유별나다. 항구 도시이어서 그런가?

밤거리로 나섰다. 아랍인 깡패가 득실거리는 곳이어서인지 왠지 으스스하다. 봄이라 낮에는 태양빛이 폭포처럼 쏟아지고 밤에는 기온이 뚝 떨어진다. 옷깃을 여미고 구항구의 부둣가를 거닌다. 파도 소리가 들리고 그 어둠 너머에서 열대의 온기가 바람에 실려온다.

바다 건너는 바로 아프리카이다. 100년 전 프랑스가 아프리카에 식민

마르세유의 구항구 거리. 아랍인들이 많아 '아랍인 거리'라고 부른다.

지를 두고 경영할 때까지만 해도 이 항구의 경기는 좋았다. 프랑스의 군인들이 이 항구를 통해 아프리카로 건너가는 대신 아프리카에서는 금, 은, 다이아몬드와 오벨리스크 같은 이집트의 고대 탑도 통째로 떼어오고, 커피도 대량으로 실어왔다. 구항구 거리에는 지금도 그때의 영화를 반영하듯 3층짜리 우람한 석조 건물이 위풍당당하게 늘어서 있다.

당시 이 항구는 유럽의 현관이었다. 동서양의 인텔리들이 모여들던 이곳 마르세유. 그러나 100년의 세월이 흐른 지금 석조 건물에는 때가 끼고 뒷골목에는 깡패 조무래기와 아랍 창녀들이 득실거린다.

밤이 이슥해진다. 뒷골목을 걷다보니 배가 출출하다. 밥보다도 칼바도스(사과술) 한 잔이 간절하다. 걸어서 구항구 거리가 끝나는 지점에 있는 선술집 '라 코르사유'에 들어섰다.

선술집 라 코르사유

밤 10시. 스탠드 바 '라 코르사유'는 만원이다. 키가 장대같이 큰 유럽인들이 서서 맥주를 마시고 있다. 이 가게는 모든 것이 싼, 그야말로 서민적인 술집이다.

라 코르사유의 주인은 나이가 스무 살쯤 되는 노란 금발을 짧게 깎은 프랑스 여자이다. 저렇게 조그만 여자가 어떻게 이 험한 거리에서 술을 팔고 있을까? 하지만 그녀는 나의 그런 걱정에는 아랑곳없이 담배를 연신 맛있게 피우면서 손님들의 주문에 응하고 있다.

가게라야 7~8평이나 될까? 값이 워낙 싸서인지 발 디딜 틈 없이 혼잡하다. 그 틈을 비집고 들어가 칼바도스를 한 잔 시켜 마시고 있는데 옆에 있던 아랍인이 말을 걸어온다. 키가 190센티미터가 넘는, 근육질의 깡마른 사나이다. 머리칼은 태양열에 다 타버린 듯한 곱슬이다. 그와 같이 술을 마시는 프랑스인은 자그마한데, 금발에 검은 뿔테 안경을 써서 좀 우스꽝스럽게 보인다. 가만히 보니 외인부대원들이다.

외인부대 사령부는 이곳에서 30분 정도 떨어진 오바뉴라는 곳에 있는데, 아마도 이들은 외박 나온 모양이었다. 이름을 물었다. 두 사람 모두 이름이 없다고 한다. 가르쳐줄 수 없다는 얘기이다. 대신 계급과 출신 국가를 가르쳐주었다. 한 사람은 모로코 출신으로 계급은 상사, 프랑스인은 준위이다. 두 사람 모두 20년 넘게 근무한 고참들이다.

한참 얘기를 하는데 모로코 출신 아랍인 상사에게 지나가던 건달들이 모두 깍듯하게 인사를 한다. 이유를 물었더니 씩 웃으며 자기가 이 동네 대장이라고 한다. 그가 왼쪽 주먹을 들어 보이면서 한 방에 떨어지지 않은 깡패가 아직 없었다며 목에 힘을 준다. 만만치 않아 보이는 녀석이다.

키가 175센티미터쯤 되는 흑발의 팔등신 미녀가 초미니 스커트를 입고 술집에 들어온다. 가슴이 터질 듯한 볼륨을 가졌다. 그녀가 들어와 모로코 출신의 상사에게 자신의 볼을 댄다. 상사와 그녀는 잘 아는 사이인 것 같다. 가만히 보니 프랑스 여자가 아니다. 아랍 여자이다. 머리는 흑발이지만 피부는 우유보다 더 희고 곱다. 그녀는 손님들 사이를 헤집고 다니다가 돈이 있어 보이는 사람 곁에 가서 선다. 그러나 그 사람이 별로 흥미를 보이지 않자 다른 좌석으로 간다. 오늘 라 코르사유의 손님 중에는 별로 돈이 있어 보이는 사람이 없다. 내가 돈 많은 일본인으로 보였는지 아가씨가 자꾸 쳐다본다.

그녀의 시선을 느끼고 있는데 모로코 출신 상사가 2차를 가지 않겠냐고 묻는다. 뒷골목의 풍경이 궁금하던 차에 따라나섰다.

밤의 꽃들

밤 12시의 구항구 뒷골목. 길 양편으로는 네온사인이 번쩍이는 술집이 늘어서 있고, 골목 벽에는 페인트로 어지럽게 낙서가 되어 있다. 그 골목 앞에는 아가씨들이 초미니 스커트를 입고 서서 손님을 끌고 있다.

외인부대원 두 사람은 아가씨들의 손짓에는 아랑곳하지 않고 어느 집으로 불쑥 들어선다. 왠지 좀 으스스하다. 출입문은 선팅을 한 유리로 되어 있는데, 밖에서는 안이 보이지 않지만 안에서는 밖이 보이는 특수한 유리이다. 문을 열고 들어섰다.

아가씨들이 모두 출입문을 향해서 의자를 놓고 앉아 있는데 하나, 둘, 셋…… 여섯이다. 그녀들은 하나같이 가슴이 파인 옷을 입었는데 그 중 한 아가씨는 아예 상반신의 중요한 부분을 노골적으로 드러내고 있다. 실내는 코발트블루의 아주 야한 야광 조명이어서 마치 모로코의 아랍인 살롱을 연상시킨다. 분위기가 좀 떨린다. 들어왔으니 나갈 수도 없다.

외인부대원들과 아가씨들은 잘 아는 사이인지 시로 볼에 뽀뽀를 해대고 있다.

그들과 함께 스탠드에 앉았다. 여자 두 명이 와서 어떤 술을 마시겠느냐고 묻는다. 이런 집에서는 맥주가 상책이다. 맥주를 주문하자 조금 김샜다는 표정이다.

아가씨들이 맥주를 한 병씩 우리 앞에 놓고 곁에 와 앉는다. 내 옆에는 스물다섯쯤 되어 보이는 빨간 원피스를 입은 아가씨가 앉았다. 검은 머리의 백인이다.

그녀가 자기도 한잔 마셔도 되느냐고 묻는다. 마시지 말라고 할 수는 없다. 한잔 하라고 했더니 대번에 샴페인을 시킨다. 조금 제동을 걸 필요가 있다. 샴페인 한 잔의 가격을 묻고 머릿속으로 계산을 했다. 45만 원 정도 나올 것 같다. 그런데 한 명이 아니라 두 명이다. 총 90만 원. 이 술집까지 나를 데려온 것은 외인부대원들이지만 돈은 없어 보인다.

두 여인은 샴페인을 단숨에 들이켜버린다. 그러더니 더 마셔도 되느냐고 묻는다. 발칙하다고 생각했지만 고개를 끄덕여주었다. 다시 샴페인이 오고, 역시 또 원샷이다. 어떻게 하는지 보려고 내버려두었다. 석 잔째도 원샷, 넉 잔째도 원샷······ 계속 원샷이다. 대단한 방광이다. 좀 치사하지만 잔 수를 세고 있었다.

열다섯 잔째. 줄기차게 마셔대던 아가씨들은 더 이상 술잔을 들이키지 않는다. 웬일이지? 더 마시라고 했더니 이젠 됐다고 한다. 기본 매상을 올릴 만큼 올렸다는 얘기이다.

외인부대원 둘은 무대로 나가 다른 아가씨들과 춤을 추기 시작한다. 모로코 출신의 아랍인은 신이 났는지 열심히 스텝을 밟는다. 프랑스 출신은 그저 아가씨의 허리만 끌어안고 있다. 내 곁에 앉은 아가씨에게 어느 나라 사람이냐고 묻자 아버지는 이탈리아, 어머니는 프랑스 사람이란다. 결혼은 했고 아이가 하나 있는데 일곱 살이란다. 앳돼 보인다고 했더니 열여덟 살에 결혼했다고 한다. 남편과는 이혼했고, 여기서 돈을 벌어 생활한다고 묻지도 않은 말까지 다 한다.

모로코 출신 상사가 다시 자리로 돌아와 이 술집이 마음에 드느냐고 묻는다. 마음에 들지 않는다고 얘기하는 것은 실례이다. 고개를 끄덕여 주었다. 그랬더니 한잔 하자며 잔을 부딪친다. 이 자의 속셈을 모르겠다. 그러나 기왕 들어온 이상 어쩔 수 없다.

모로코가 계속 말을 걸어온다. 자기 고향 얘기이다. 자기 고향에서는 외인부대에 들어오는 것이 선망의 대상이란다. 봉급이 많기 때문이다. 가족을 물었더니 현재는 이혼해서 혼자 산다고 했다. 그러면서 말하기를 전쟁터를 누비는 직업이라 여자들이 견디지 못한다고 한다. 상사도 준위도 현재는 모두 이혼한 상태란다.

외인부대원들은 요즘 인기가 없다. 알랭 들롱이 외인부대원으로 나온 영화에서는 여자들에게 굉장히 인기 있는 것처럼 나오지만 사실은 그렇지 않다. 외인부대원을 좋아하는 여자들은 그들을 잘 모르는 먼 지방의 처녀들이다.

1937년 에디트 피아프가 부른 노래 중에 「나의 외인부대원(몽 레지오네어)」이라는 것이 있다.

> 그는 커다랗고 맑은 눈을 가지고 있었지 / 그는 내가 이해할 수조차 없는 수많은 문신을 가지고 있었지 / 나는 그의 이름조차도, 그에 대해서도 아는 것이 없었지만 / 그는 밤이 새도록 나를 사랑해 주었고 / 찬란한 빛이 발하는 아침에 나를 떠나갔지 / 나의 외인부대원은 마르고 씩씩했다오

이 노래가 나왔을 때가 외인부대원들의 전성 시대였을 것이다. 이 노래가 사라지면서 외인부대원들도 빛을 잃었고, 외인부대가 국방장관 직할 부대로 격하되면서 그 명성을 잃어갔다.

그들과 새벽 5시까지 얘기했다. 술값이 꽤 나왔다. 외인부대원들은 역시 돈이 없었다. 속이 쓰렸지만 내가 술값을 냈다.

날이 밝았다. 그들은 아침밥을 사주겠다고 한다. 새벽에도 장사를 하는 식당이 꽤 있다. 그 중 한 식당으로 갔다.

우리가 들어서자 40대 후반의 식당 주인이 조금 긴장했다. 외인부대원들이 식당을 부수는 일이 흔하기 때문이다. 사막에서 3개월쯤 전투를 치르고 들어와 술을 마신 후 마음에 들지 않는다며 식당을 부수는 것이다. 그러나 다 부수고 나면 반드시 수리비를 준다. 경찰도 그들을 잡아넣을 권한이 없다. 외인부대원을 잡아넣을 수 있는 건 외인부대 헌병뿐이다.

식당에서 베이컨을 계란에 부친 에그베이컨을 먹었다.

아랍인 상사가 두 접시를 비우더니 손목시계를 끌렀다. 밥값이라는 것이다. 외인부대원은 돈을 내고 밥을 먹지 않는다나? 말렸다. 대신 내가 돈을 꺼냈다. 그러자 이번에는 그가 나를 말리더니 주머니에서 지폐 한 장을 꺼내 잔뜩 구겨서 주인에게 던져준다. 돈을 구겨서 던져주는 것은 외인부대원들의 관행이라나? 아, 꼴통들이다!

 6시가 되자 출근해야 한다며 그들이 일어섰다. 아랍인 상사의 라구나 승용차에 탔다. 내가 머무는 호텔이 그들의 부대 근처에 있으니 데려다주겠다고 한다. 상사는 핸들을 잡자마자 고막이 찢어질 만큼 음악을 크게 틀더니 전속력으로 밟았다. 교차로고 신호등이고 없다. 몽땅 무시하고

외인부대 사령부가 있는 오바뉴 시내의 거리

사정없이 밟았다. '아아, 내가 이 먼 외국땅까지 와서 교통사고로 가는구나' 하는 생각이 불쑥 들었다.

외인부대 정문에 도착했을 때 아랍인 상사가 한마디 하며 손을 내민다. "아프리카 사막을 누비며 전투하던 나다. 이건 아무것도 아니다." 그러고는 "내 이름은 마무야" 하고 사라졌다.

다음날 아침, 호텔에서 나와 다시 구항구 거리를 걸어가는데 마침 선술집 라 코르사유가 문을 열고 있다. 귀여운 금발 아가씨 옆에 산맥 같은 사나이가 하나 서 있다. 사나이의 키는 2미터에 가깝다. 게다가 몸무게도 130킬로그램은 넘어 보인다. 아침부터 검은 선글라스에 검은 양복을 위아래로 쫘악 빼입었다. 인상이 조직에서 근무하는 아저씨 같다. 이 인간 산맥 같은 사나이가 셔터를 다 올리더니 여자에게 뽀뽀를 한다. 그러고는 오늘도 장사 잘 하라며 어깨를 두드려주고 유유히 사라진다. 저 사나이는 아마 술집 주인의 기둥서방쯤 되나보다. 그러니 조그만 프랑스 여자가 이 험한 항구 도시에서 장사를 해나갈 수 있는 것이다.

우아~마르세유는 무섭다.

푸이로비에 은퇴촌

언덕의 정상에 오르자 '태양의 길'이 보인다.

하얗게 뻗은 8차로는 야트막한 구릉 사이로 끝간 데 없이 뻗어 있다. 다복솔이 납작 엎드려 있는 구릉지, 노년기 백악질의 야산 사이로 눈부신 태양이 폭포처럼 쏟아지고 있는 도로. 남프랑스의 지중해에서 엑상 프로방스 Aix-en-Provence로 가는 지름길이며, 프랑스 사람들이 선웨이, 즉 '태양의 길'이라고 부르는 길.

언덕의 정점에서 나는 필터 없는 프랑스제 지탕 담배를 꼬나물고 '태양의 길'을 노려본다. 이 길에서는 밟아야 한다. 무한대의 시계視界가 확보되어 있는 이 도로에서는 엔진이 터지도록 한번 밟아야 한다. 나는 폭스바겐 폴로의 액셀러레이터를 힘주어 밟는다. 터보 엔진이 작동하고 차는 노도와 같이 달리기 시작한다.

때는 4월. 만물이 피어나는 계절이다. 봄볕은 줄기에 너무나 안성맞춤이다. 차창을 여니 담배 연기마저 아름답게 흩어진다.

무한대의 시계가 확보된 무한질주의 도로, 태양의 길

인생쾌청. 20분쯤 달리다보니 차가 정체된다.

'8차로가 막힐 리가 없는데, 무슨 일이지?'

앞에서 교통사고가 났나보다. 르노 승용차 한 대가 소나무를 들이받은 것이다. 어른 팔뚝만한 소나무는 부러져 있고, 차는 그 옆에 뒤집어져 있다. 그리고 그 옆에 경찰 둘이 서 있고, 승용차 옆으로는 무언가가 흰 천으로 덮여 있다. 사람이 죽은 것이다. 흰 천 아래로 창자가 튀어나와 있다. 이런!

지금 시간이 오후 1시 30분. 아마도 운전자는 점심에 포도주 한 잔을 곁들였을 것이고, 운전을 하다가 나른한 봄볕에 알딸딸해져서 깜빡 졸았을 것이다. 그리고 그의 인생은 끝이 났다. 미테랑 전 대통령이 점심 반주로 포도주를 마시지 말라고 그렇게 당부를 했건만. 갑자기 섬뜩해진다. 속력을 줄이자.

이렇게 해서 20분 만에 나의 영화榮華는 끝나고 차는 엑상 프로방스 시내로 들어선다. 중세풍의 빨간 3층 벽돌 가옥이 늘어선 거리, 포플러 나뭇가지 아래에서는 벼룩시장이 열리고 있다. 이곳은 화가 세잔의 고향이다. 그가 그린 아름다운 풍경화의 배경이 바로 이곳이다. 카페와 브라스리, 타박, 그림 같은 레스토랑이 늘어선 거리를 지나친다.

노천카페에는 선글라스를 낀 프로방스 아가씨가 다리를 꼬고 앉아 담배를 피우면서 에스프레소 커피를 마시고 있다. 미라보 거리, 저 아름다운 카페에서 나도 에스프레소 커피 한 잔을 마시고 싶다. 저 프로방스 아가씨와 즐겁게 대화를 하면서 커피 한 잔을 마시고 싶다. 그러나 오늘 나는 가야 할 곳이 있다. 엑상 프로방스에서 20분 떨어진 푸이로비에에 있는 외인부대 은퇴촌이다. 그곳에는 외인부대에서 퇴역한 군인 150여 명이 모여 살고 있다.

푸이로비에가 가까워 오자 목화송이가 널려 있는 듯한 산이 나타났다. 그 산에 널려 있는 허연 것은 암모나이트 같은 중생대의 화석이다. 그것이 그 산에는 지천으로 널려 있다. 그 옛날 이곳은 바다였다고 한다. 그래서 그 산에는 바다 화석을 쉽게 찾아볼 수 있다.

이윽고 푸이로비에 은퇴촌에 도착했다. 은퇴촌의 성벽에 '외인부대는 나의 고향'이라는 구호가 적혀 있다. 위병소에서는 누구도 제지하지 않는다. 고독에 지친 노인들이 모여 사는 곳이니 방문객은 누구나 환영이다.

정문 앞에서 목발을 짚은 한 노인이 힘겹게 발을 옮기고 있고, 2층 막사 앞 양달 진 곳에는 휠체어를 탄 노인 몇 명이 한가롭게 햇볕을 쬐고 있다. 모두 외인부대 퇴역병이다.

정문에서 몇 발짝 들어서기가 무섭게 은발의 건장한 노인 한 분이 손을 들어 인사를 청한다. 그는 대끔 주보酒保로 나를 끌고 간다.

"친구가 되어주러 왔나? 그렇다면 맥주부터 한 잔 해야지."

노인은 내 대답과는 상관없이 크로넨부르 맥주부터 한 잔 시킨다. 그러고는 자신이 치른 전투 이야기를 꺼낸다. 아프리카 북부의 시디 벨 압베스, 모로코, 지부티 등지에서 그가 치른 크고 작은 전투 이야기가 이어진다. 졸지에 이끌려간 나는 우선 그의 말벗부터 해주어야 했다. 이야기를 나누면서 보니 그의 한쪽 팔이 의수이다. 그는 자식도 부인도 없이 그렇게 말년을 보내고 있었다.

간신히 그와 헤어져 외인부대 안을 둘러본다. 이곳저곳의 공방工房에서는 퇴역한 노인들이 소일 삼아 휘장, 모자, 티셔츠, 도기 재떨이, 배지 같은 외인부대 기념품을 만들고 있었다.

한 공방에 들어섰다. 그곳은 양피지로 책 표지를 만들고, 품질이 좋은 닥나무로 하드커버의 전집류를 만드는 제본소였다. 노인 몇 명이 열심히 일하고 있다. 나를 보자 한결같이 얼굴에 화색이 돈다.

대머리에 하얀 머리칼이 몇 올밖에 없는 노인 한 사람이 내 얼굴을 물끄러미 바라본다. 영어로 인사를 하고, 하는 일을 물어보자 그는 신이 나서 자신이 하는 일에 대해 열심히 설명하기 시작한다. 나도 몇 마디 묻고 노인이 답하는 말에 고개를 끄덕여주었다. 그가 하도 진지하게 설명하기에 차마 발걸음을 돌릴 수 없었다. 무려 30분 정도 잡혀 있었을까. 간신히 발길을 돌리려는데 그가 말했다.

"자네 덕분에 30년 만에 영어를 해보는군. 젊은이, 내 고향은 영국이라네."

그의 눈에는 눈물이 그렁그렁 달려 있었다.

영내에서 마주친 퇴역 군인들은 누구나 할 것 없이 내게 말을 붙여왔다. 그러고는 한마디라도 더 이야기를 나누고 싶어 안달이었다.

"오늘 여기서 자고 가지 않으면 위병소를 못 나가도록 할 거야"라며 으름장을 놓는 노인도 있었다. 포도밭에서 일하는 노인들도 보였다. 그들이 생산하는 포도는 외인부대 현역병들이 마실 포도주의 원료가 된다.

기념품 판매소에서 외인부대원의 상징인 눈처럼 희디흰 캐피블랑을 하나 샀다. 노인들이 젊은 시절 폼을 내며 쓰고 다녔던 바로 그 모자였다. 캐피블랑은 외인부대의 상징이다. 그들은 그 모자를 쓰고 전 세계에서 전투를 치렀다. 많은 병사들이 죽거나 다치기도 했지만 전투에서는 모조리 승리했다. 사람들은 그들을 가리켜 프랑스 식민지의 개, 프랑스 식민지의 하수인이라 불렀다. 그러나 그들은 이렇게 말한다. 우리가 싸운 것은 프랑스를 위해서가 아니라 저 희디흰 캐피블랑을 위해서였다고.

영내를 한 바퀴 돌고 정문으로 나오는데 갑자기 뭐가 번쩍거린다. 휘황찬란하다. 가만히 보니 그것은 '별'이다. 하늘에 뜬 별이 아니라 모자에 달린 번쩍거리는 별이다. 무엇인지 궁금해서 눈을 돌려보니 키가 190센티미터쯤 되는 장신의 모자 위에 별 세 개가 달려 있다. 게다가 새하얀 군복과 군화에서는 광이 번쩍거린다. 멋있다. 가만있자, 저 사람이 누구지? 앗, 저 사람은!

저 사람은 바로 외인부대 사령관 피게말 중장이다. 나도 모르게 부동자세로 그에게 서서 거수경례를 붙였다. 피게말 중장이 신기하다는 듯한 표정을 짓다가 빙긋이 웃으며 자신의 모자 차양에 손바닥을 붙였다 내린다. 내 경례를 받아준 것이다. 나는 그가 통과할 때까지 부동자세로 서 있었다.

옛날 내가 일등병이었을 때 군수지원단에 가서 쌀을 한 트럭 싣고 온 적이 있다. 쌀가마니 위에 벌렁 누워서 부대로 돌아오는데 검은 세단이 하나 보였다. 검은 세단의 번호판에는 별 세 개가 달려 있었다. 입대하고 나서 그렇게 높은 계급장을 보기는 그때가 처음이라 곁에 누워 있는 일등병 한 사람을 깨워 검은 세단을 가리키며 외쳤다. "야, 별 봐라, 별!" 그러자 곁에 누워 있던 동료들이 너도 나도 일어났다. 우리는 킥킥거리며 세단 뒷좌석에 앉아 있는 육군 중장을 손가락으로 가리켰다. 뒷좌석에 앉아 있는 중장이 멋쩍은 표정으로 우리를 쳐다보았다.

부대에 도착하자마자 운전석 옆에 앉은 선임하사에게 오늘 별 세 개짜리를 보았다고 자랑했다. 갑자기 선임하사의 얼굴색이 변하더니 어떻게 했느냐고 물었다. 사실대로 얘기했다. 손가락으로 가리키며 웃고 떠들었다고. 선임하사의 얼굴이 백짓장처럼 하얘졌다. 그날 나는 선임하사에게 곡소리 나게 맞았다.

그 뒤로 별 세 개를 처음 본 것이다. 나는 또 곡소리 나게 맞고 싶지 않아 거수경례를 했을 뿐이다.

나중에 알고 보니 외인부대 사령관은 은퇴촌 안에 있는 숙소에서 가족과 함께 생활한다고 한다. 은퇴병들에 대한 배려로.

외인부대원 공동묘지

　　　　　　　　외인부대 은퇴촌에서 나와 불과 5분 거리에 있는 외인부대 공동묘지로 갔다. 외인부대에서 전사한 사람들의 묘지이다.

　육중한 철문이 쳐져 있고, 공동묘지는 높은 돌담으로 둘러쳐져 있었으며, 입구에는 리기다 소나무가 높다랗게 하늘을 찌르고 서 있었다. 안으로 들어갔다. 수천 개의 묘가 있다. 이곳의 묘는 모두 화장 묘이기 때문에 비석 하나씩만 서 있다. 여기에 당주 대위의 묘가 있다.

　1863년 4월 30일, 예순다섯 명의 외인부대원은 멕시코 카메룬에서 멕시코군 2천여 명과 한판 붙었다. 외인부대원들은 너무나 잘 싸웠다. 2천 명의 병력이 모자라자 멕시코군은 1천 2백 명의 보병을 급파했다. 당시 외인부대의 지휘관은 당주 대위. 그러나 중과부적衆寡不敵이었다. 전투가

외인부대 전사자들이 누워 있는 공동묘지

벌어지면서 숫자는 마흔두 명으로 줄었다. 멕시코군 지휘관 밀란 대령은 항복하라고 했다. 2천 명이 마흔두 명을 상대로 싸운다는 것은 정말 창피한 노릇이었다. 그러나 상대는 꿈쩍도 하지 않았다. 하는 수 없이 멕시코군은 총공세를 폈다. 결국 이 전투에서 외인부대원은 당주 대위를 비롯해서 거의 다 전사했다.

그리고 마지막에는 단 세 명만이 남았다. 그 세 명은 살아서 포로가 되기보다는 죽기를 작정하고 농가에서 2천 명의 적군을 향해 뛰어나갔다. 적군의 총알이 비 오듯 쏟아졌다. 멕시코군 지휘관은 사격을 중지시켰다. 그리고 세 명을 포로로 잡았다.

"그대들이 마지막 남은 전부란 말인가?"

밀란 대령은 비록 적군이지만 죽기를 각오하고 농가에서 뛰쳐나온 그들의 용기에 감복해 포로 세 명을 돌려보내기로 했다. 그러자 포로 세 명은 무기와 부상자를 회수해 가겠다고 말했고, 밀란 대령은 그들의 요구를 들어주었다. 수습해 보니 전투 현장에는 당주 대위의 의수가 남아 있었다. 그 의수는 지금 외인부대 사령부 박물관에 있는 명예의 전당에 모셔져 있고, 멕시코 전투가 있던 4월 30일은 '카메룬 데이'라고 해서 오늘날까지 성대한 기념식이 벌어지고 있다.

푸이로비에 외인부대 공동묘지에는 바로 그 당주 대위를 비롯한 외인부대 전사자 기념비가 서 있다.

그 안을 둘러보았다. 나뭇가지 위에서 새가 운다. 새는 울지만 과연 죽은 자들은 말이 없다.

카시스의 생선 매운탕, 부야베스

저녁을 먹으러 나왔다.

지중해 바닷가에 노을이 진다. 그 빛깔이 처녀의 볼보다 곱다.

푸이로비에서 돌아와 30분 정도 시골길을 꼬불꼬불 넘으면 카시스가 나온다. 차창 밖으로 스쳐 지나가는 돌담이 정겹다.

지중해를 끼고 있는 손바닥만한 작은 포구. 이 포구는 최근 들어 유명해졌다. 이 포구에 있는 백악질의 하얀 절벽인 클링카 해안이 유로 머니에 새겨져 있기 때문이다. 바닷가에는 수백 척의 흰 요트가 정박해 있고, 기념품 가게와 레스토랑, 카페, 생맥주 바, 크레페 가게가 늘어서 있다. 독일, 스위스 등지에서 온 돈 많은 관광객들이 몰려다니며 쇼핑을 하고 있다. 돈이 넘치는 곳이다.

기념품 가게에서 굵은 여송연 한 개비를 샀다. 안주머니에 넣고 슬슬 걸으면서 식당을 기웃거려본다.

몸에 착 달라붙는 빨간 바지를 입은 집시가 다가와 꽃을 한 송이 사달라고 조른다. 나이는 갓 스물이나 됐을까? 흑진주보다 더 고운 검은 머리에 검은 피부, 뇌쇄적인 몸매를 갖췄다. 장미 한 송이의 가격을 묻고 꽃을 산 후 기념으로 사진이나 한 장 찍자고 했더니, "아탕(잠깐)" 하고는 갑자기 섹시한 포즈를 취한다. 아, 스타 체질이다. 서양 젊은이들은 이런 방면에서는 타고났다. 거리낌이 없다. 비록 거리에서 꽃을 팔고 있지만 구김살이 없다.

자, 뭘 먹을 것인가. 이곳 남프랑스 지방에는 명물 요리가 하나 있다. 바로 '부야베스Bouillabaisse'이다. 우리나라의 신선로, 태국의 도미 찌개와 더불어 세계의 3대 찌개라고 불리는 음식이다. 해마다 봄에 한 번씩 들르는 부야베스 식당으로 갔다. 50대 중반의 관록 있는 갸르송은 작년에도 본 사람이다. 메뉴판을 정중하면서도 신속하게 돌리는 폼이 하루이틀 손님을 맞아본 솜씨가 아니다.

노천 테이블에 앉아 부야베스와 포도주 '뱅 반돌'을 한 병 시켰다. 곁에서 독일인 기술자들이 요리를 먹으며 떠들어대고 있다. 독일 사람들은 외국에만 나오면 말이 많아진다.

잠시 뒤에 음식이 왔다. 처음에 나온 것은 빵과 마요네즈다. '크루통'이라는 빵인데, 이빨이 들어가지 않을 정도로 딱딱하다. 그 빵을 고추와 마늘을 섞어 만든 마요네즈에 찍어 먹으면 매콤하면서도 감미로운 밀의 맛이 느껴진다. 곧이어 하얀 뚝배기에 가득 담긴 생선 수프가 나온다. 생선 수프는 숭어, 도미, 쏨뱅이, 뱀장어에 올리브유, 산초 가루를 넣고 푹 삶은 국물이다. 우리나라로 치면 매운탕 국물이다. 한 숟갈 떠서 입에 넣

부야베스 식당의 노천 테이블. 따뜻한 지중해의 햇살을 쬐기 위해 모여든 관광객들이 만원을 이루고 있다.

으면 눈이 둥그레진다. 우리 입맛에도 딱 맞다.

수프를 먹고 나니 갸르송이 드디어 은쟁반에 수북이 담긴 부야베스를 가지고 온다. 본래 이 음식은 이쪽 지방의 어부들이 즐겨 먹던 음식인데, 그것이 명물 요리가 된 것이다. 우리나라로 치면 왕년의 북창동 해물잡탕이요, 강릉의 삼숙이탕이나 인천의 물텀벙이탕이다.

부야베스를 접시에 조금씩 덜어서 먹는다. 과연! 하는 감탄사가 나온다. 잘 만드는 음식에는 국경이 없다. 누가 먹어도 맛있다. 코발트빛 지중해를 바라보면서 요리를 먹는다. 갑자기 인생이 즐거워진다.

배부르게 한 접시 자알 먹었다. 자아, 이제는 이 해안가 포구의 호텔을 잠을 시간이다. 해안가 포구에는 호텔이 두 개 있다. 하나는 리토Liautaud 호텔이고, 또 하나는 르 골프Le Golfe 호텔이다. 두 호텔 모두 방이 십여 개밖에 없는 작고 아담한 규모이다. 시설은 리토 쪽이 더 낫지만, 바다가 잘 보이는 것은 르 골프 쪽이다. 값은 르 골프가 조금 더 싸다. 어느 호텔로 갈 것인가 고민하다 바다가 잘 보이는 르 골프 호텔을 선택한다.

왠지 뒷골목을 가보고 싶다. 르 골프 호텔로 가는 해안가 길을 버리고 뒷골목으로 들어갔다. 어느 나라, 어느 도시이든지 뒷골목도 한 번쯤은 가보아야 한다. 카시스의 뒷골목은 조용한 주택가이다. 돌담으로 지어진 2층의 단아한 주택, 두꺼운 통나무로 만들어진 출입문, 꽃바구니가 걸려 있는 화사한 2층의 창문들. 앞길이 관광객으로 부산하다면 뒷골목은 구두 뒤축 소리가 울려 퍼질 만큼 고요하기 그지없다. 어디선가 잔잔하게 음악 소리가 들린다. 소리를 좇아가보니 뒷골목 입구의 어느 주택에서 흘러나오고 있다. 모차르트의 곡이다.

프랑스 사람들은 인생을 가꾸며 아름답게 살 줄 안다.

유럽 사람들의 여름휴가지, 샤모니 몽블랑

여름이 되면 프랑스 사람들은 35일간의 긴 휴가에 들어간다. 가난한 사람은 가난한 대로, 부자는 부자대로 있는 만큼 형편에 맞게 휴양지를 택해 떠난다.

여름에 유럽의 부자들이 가장 많이 몰리는 곳은 알프스 지역이다. 레만 호수 주변의 로잔이나 제네바, 취리히, 에비앙 등지에 가서 한여름에 수영과 스키를 즐긴다. 알프스의 만년설, 그곳에서 스키를 타고 달리면 정말 시원하다. 지상에서는 남녀 모두 웃통을 벗어버리고 수영과 일광욕을 즐긴다.

부자보다는 못하지만 조금 여유가 있는 사람들은 칸, 니스, 모나코, 툴롱, 생 트로페 등 남프랑스 지중해 해변으로 가서 폭포처럼 쏟아지는 태양빛을 맞으면서 수영과 일광욕을 즐긴다. 그보다 더 형편이 못한 사람들은 파리 인근의 해수욕장으로 간다. 영화 「남과 여」를 찍은 항구 도빌 같은 곳이 대표적인 휴양지이다.

샤모니로 가는 길목에 있는 알프스 산록의 시골 마을

자아, 나는 어디로 갈 것인가. 알프스 쪽으로 방향을 잡는다. 샤모니 몽블랑 그곳이 목표이다.

몽블랑은 해발 4천 8백 7미터로 아이거 북벽, 융프라우, 마터호른과 더불어 알프스의 4대 봉우리 중 하나이며, 내 친구 난도 폴리니가 디스코텍을 운영하고 있는 곳이다.

파리에서 샤모니까지 차로 3시간 30분쯤 걸린다. 알프스가 가까워질수록 산은 높아지고 바람은 차다. 사람들이 제법 붐빈다. 하늘에는 빨간색, 파란색 색색의 패러글라이더들이 날고 있고, 그 뒤로는 해발 5천 미터의 만년설로 뒤덮인 흰 산이 배경을 이루고 있다.

샤모니 몽블랑Chamonix Mont Blanc. 약 200년 전쯤 이 마을에 살던 의사 미셸 파칼은 악마들만 산다는 알프스의 빙벽을 수정 채취업자와 함께 올라갔다. 산 정상에 올라서자 악마는 없고 온통 눈과 얼음뿐이었다. 그때부터 사람들이 생각한 미신은 사라져버렸고, 그후 많은 사람들이 알프스 정상을 오르게 되었다. 오늘날 알피니즘은 최고의 산악 스포츠가 되었다. 알피니즘을 즐기는 사람들과 피서객들로 인해 인구 5천 명의 작은 도시는 여름이면 대번에 인구가 2만 명으로 늘어나버린다.

난도 폴리니가 사는 법

오후 4시, 디스코텍 '르 해피주'에 들어섰다. 난도가 저녁 손님을 맞기 위해 준비하고 있다. 슬쩍 다가와 어깨를 툭 치며 인사하자 난도가 화들짝 놀란다. 먼 동양에서 친구가 이렇게 불쑥 찾아오리라고는 생각지 못했기 때문이리라.

웃고 떠들던 그가 오늘은 밤새도록 술을 줄 테니 마음껏 즐기란다. 그러면서 자신이 직접 만들었다는 수제手製 얼음통을 선사한다. 그가 준 수제 얼음통에 맥주를 가득 부어 마셨다.

난도 폴리니. 50대의 이 사나이는 재주가 많다. 그는 프랑스, 이탈리아 음식 요리사, 알파인 가이드, 스키 강사, 스킨 스쿠버 강사, 카레이서, 항공기 조종사 등 많은 직업을 가지고 있고, 열일곱 대의 차를 가진 자동차 수집광이며, 5개 국어 자유자재로 구사할 수 있다. 또 방랑벽이 있어 남미의 카리브 해에서 몇 년 사는가 싶으면 브라질로 가 있고, 다시 미국으로, 이탈리아로, 동에 번쩍 서에 번쩍 바람처럼 사는 사나이다. 최근에는 돈 좀

누워서도 보송 빙하를 한눈에 볼 수 있는 호텔 다락방의 창문

벌어보려고 디스코텍을 열었다고 한다.

오늘 밤 난도의 디스코텍은 만원이다. 전 세계에서 온 젊은 이들이 낭만을 즐기러 모여들었다. 맥주 한 병을 놓고 밤새도록 춤을 출 수 있다. 호주에서 온 두 여대생에게 프랑스인 남학생들이 추파를 던지고, 그들은 이내 친구가 되어 함께 신나게 춤을 추어댄다. 서양의 젊은이들은 구김살이 없다. 자연스럽다. 점점 열기가 오르고, 디스코텍은 밤 12시가 되자 발 디딜 틈이 없다.

밤 12시, 호텔로 갔다. 내가 예약한 곳은 호텔의 다락방이다. 이곳은 구조가 좀 특이하다. 창문이 천장에 있어서 침대에 누으면 몽블랑의 정상 아래에 있는 보송 빙하가 한눈에 들어온다. 그래서 다락방은 값이 제일 비싸다. 밤새도록 영원히 녹지 않는 보송 빙하를 바라볼 수 있기 때문이다. 새벽 2시까지 보송 빙하와 그 위에 차갑게 뜬 달, 총총한 별을 바라보다가 선잠이라도 들면 의식적으로 깨면서 밤하늘을 바라보게 된다.

알프스 산자락에 있는 작은 산간 마을 샤모니 몽블랑은 스위스, 이탈리아와 국경을 맞대고 있다. 이탈리아와 프랑스 국경을 알프스 산맥이 가로

막고 있는 것이다. 알프스 산맥 아래로 뚫린 12킬로미터의 긴 터널만 빠져나가면 바로 이탈리아다. 여기까지 왔으니 잠깐 이탈리아까지 다녀오고 싶다. 이탈리아는 불과 2~30분밖에 안 걸린다.

자, 그렇다면! 차에 시동을 걸고 액셀러레이터를 밟아보자.

이탈리아 마을, 쿠르마요

"부오나 쎄에라!" 이탈리아의 저녁인사이다. 터널을 빠져나오자 말이 달라졌다. 자동차 라디오는 국경을 넘자 자동으로 이탈리아 주파수를 찾는다. 이탈리아 말이 라디오에서 쏟아진다.

이탈리아의 첫 마을 쿠르마요Courmayeur에 도착했다.

검문소가 보인다. 차를 서행시켜 조금 긴장된 표정으로 검문소원 앞에 갖다 대고 여권을 안주머니에서 꺼내려는데 빨리 가라며 엄지손가락을 휘휘 흔든다. 검문소에서 여권 검사를 해야 하는 게 아닌가? 그러나 그건 내 생각이다. 이탈리아 검문소원들은 여권을 검사할 생각을 하지 않는다.

지난번 이탈리아에 왔을 때도 같은 경험을 한 적이 있다. 밤에 이탈리아 국경을 넘어가는데 검문소가 보여 차를 세웠더니 검문소원은 다리를 의자에 올려놓고 곤드레만드레 자고 있었다. 클랙슨을 빵빵 울렸다. 클랙슨 소리에 잠이 깬 그가 눈을 비비며 나를 힐끔 보더니 왜 빨리 안 가느냐고 눈을 동그랗게 떴다. 나는 놀래서 총알같이 달렸다. 국경 통과는 이탈리아가 제

알프스에 인접해 있는 이탈리아 마을, 쿠르마요

일 쉽다.

쿠르마요는 알프스의 만년설이 보이는 작은 산중 도시이다. 인구가 1천 5백 명쯤 되는데, 대낮에는 사람이 별로 보이지 않는다. 일단 커피숍에 들어가 에스프레소 커피 한 잔을 시켰다. 에스프레소 커피의 원조는 이탈리아이다. 소주잔 정도 크기에 바닥에 깔릴 정도로 아주 조금 커피를 준다. 맛은 정말 독하다. 한 모금 마시면 정신이 번쩍 든다.

커피를 마시며 돈을 어디서 바꾸느냐고 물었더니 우체국으로 가보라고 한다. 환전을 하고 나자 배가 고프다. 마침 점심시간이다. 이탈리아에 왔으니 우선 스파게티부터 한 그릇 먹어볼까나.

2층짜리 돌로 지은 식당이 보인다. 이름이 '터널'이다. 경험상 이런 이름을 가진 식당은 음식 맛이 별로다. 우리나라로 치면 '역전 중국집'인데 식당이라고는 달랑 이곳밖에 보이지 않는다. 어쩔 도리가 없다. 1층에 자리가 없어 2층으로 올라갔다. 수다스러운 이탈리아 남성들이 떠들어대고 있다. 머리가 닿을 정도로 천장이 낮다. 테이블 하나를 차지했다. 다탁 옆에 양념통 선반이 달려 있다. 작은 공간을 활용한 훌륭한 아이디어다.

자, 뭘 먹을 것인가. 메뉴는 단연 스파게티와 피자가 주종이다. 우리나라에서는 미트소스 스파게티를 많이 먹지만, 스파게티 중에서 가장 맛있는 건 스파게티 봉골레이다. 스파게티에 껍질째 삶은 모시조개를 수북이 얹어주는 스파게티. 우리나라에서는 모시조개 대신 바지락을 많이 쓰지만 맛에는 큰 차이가 없다.

메뉴판을 보고 야채 샐러드 한 접시와 스파게티 봉골레 한 접시를 주문했다. 특이한 점은 야채 한 접시 값과 스파게티 한 접시 값이 똑같다는 것이다. 산중이라 기온이 낮아 채소 농사가 잘 안 되어서인지 채소 값이 비싸다.

이탈리아 사람들이 계속 들어온다. 모두 동네 사람이다.

스파게티가 한 접시 가득 담겨져 온다. 모시조개도 수북이 얹어져 있다. 우선 모시조개 껍질을 까서 먹는다. 맛이 매끄럽다. 짭조름하면서도 맛이 있다.

이번에는 포크로 스파게티를 돌돌 감아서 한입 넣는다. 감탄사가 절로 나온다. 놀라운 맛이다. 면이 부드럽고 쫄깃하다. 이건 분명 홈메이드이다. 공장에서 생산한 면을 받아 삶은 것이 아니라 면을 그 자리에서 반죽해서 뽑은 것임에 틀림없다. 이탈리아 산골의 식당이라고 우습게 봤더니 그게 아니다. 역시 이탈리아, 특히 북부 이탈리아는 스파게티의 본고장임이 확실하다. 산골에 있는 식당의 스파게티 맛이 이 정도이니 당할 수가 없는 것이다.

모시조개를 줄줄이 까서 입에 넣는다. 그러면서 포크로는 줄기차게 면을 말아서 먹는다. 맛있다. 게다가 양도 많다. 그리고 더 좋은 것은 값이 싸다는 것이다.

실컷 먹고 나서 주인에게 물었다.

"스파게티가 정말 맛있네요."

그러자 주인이 씩 웃으며 말한다.

"동네 장사인데 맛이 없으면 누가 오겠습니까?"

그에게 머리를 숙여 인사했다. 이름이 '터널'이어서 음식 맛도 별로일 거라는 선입견을 가진 것에 대해 미안한 마음을 담아.

"부오나 쎄에라!"

주인이 씩 웃으며 잘 가라고 손을 흔들어수었나.

아스라한 지중해 풍경

식당을 나와 다시 샤모니 몽블랑으로 돌아갈까 하다가 내친 김에 이탈리아 쪽으로 조금 더 내려가보기로 했다. 여기서 남쪽으로 계속 내려가면 지중해가 나온다.

지중해를 향해 달린다. 아직은 알프스 산맥이 흘러내려온 곳이라 가파른 산봉우리들이 앞을 막고 있다. 그 봉우리와 봉우리 사이로 길이 뚫려 있다. 두 시간쯤 달리니 산은 점차 낮아지고 한적한 이탈리아 북부의 시골 마을이 나타난다.

야트막한 산 정상에는 오래된 성들이 있다. 이제는 모두 허물어져 마치 바위덩어리를 쌓아놓은 듯한 이탈리아의 고성들. 유럽의 고성들은 모두 산 정상에 있다. 모양은 요새처럼 생겼다. 그 이유는 산 정상에서는 주위 사방이 모두 내려다보여 외적의 침입을 막아내기가 쉽고, 산 아래 들에서 일하는 농민이나 노비들이 일을 잘 하는지 쉽게 감독할 수 있기 때문이다.

차를 몰고 계속 남으로 달린다.

아오스타라는 자그마한 마을에 잠깐 들러 도로변 휴게실에서 카푸치노 한 잔을 마시며 딸에게 엽서 한 장을 썼다. 이탈리아 엽서에 이탈리아 우표를 붙이니 다른 나라에 와 있다는 실감이 난다.

다시 차는 남으로 달린다.

때는 5월이다. 들에는 화사한 꽃이 피어 있고, 세상은 초록으로 물들어 눈이 부시다. 세계에서 가장 비싼 룸바르기니 스포츠카를 생산하는 토리노 시를 통과하니 드디어 바다가 보인다. 지중해가 넘실거린다. 가슴이 탁 트인다. 바닷바람이 달다. 봄의 미풍이다.

그리고 곧이어 사보나라는 작은 도시가 나온다. 이제부터 리비에라 해안이다. 여기서 우회전하면 모나코, 니스, 칸을 거쳐 영국의 다이애나비가 그의 두 아들과 물총 싸움을 하며 마지막 여름휴가를 보낸 생 트로페가 나온다. 거기서 조금 더 달리면 프랑스의 군사 항구인 툴롱, 그리고 거기서 더 나아가면 마르세유가 나온다. 리비에라 해안은 대충 여기서 끝이 난다. 좌회전을 하면 이탈리아 쪽이고, 한 시간쯤 더 달리면 항구 도시 제노바이다. 제노바는 내가 아들에게 밤이면 읽어주던 동화책『엄마 찾아 3만 리』의 무대이다. 제노바를 따라 남으로 남으로 달리면 로마가 나올 것이다.

자아, 어디로 갈 것인가. 나그네는 어차피 정처 없다. 바람 부는 대로, 신이 옷소매를 이끄는 대로 갈 뿐이다.

사보나 시내로 들어섰다. 집들이 늘어서 있다. 지중해의 뜨거운 직사광선 때문에 주택의 담장이고 창문이고 모두 눈부신 백색이다. 군데군데 도로가 파여 있고 길은 좁다. 못사는 작은 도시이다. 그러나 왠지 정감이 느껴지는 곳이다. 문득 '넘어진 김에 자고 간다'라는 말이 생각나서 사보나 시내로 들어갔다. 길을 따라 무심코 달리다보니 길은 산으로 올라간다. 점점 길이 좁아지면서 마을이 나타난다. 드디어 도로까지 나온다.

앞에서는 노란색 시골 버스가 털털거리며 달리고 있다. 운전수가 왼손으로 줄을 잡아당기자 오리목처럼 튀어나온 클랙슨이 뿡뿡거리며 울린다. 버스가 섰다. 나도 따라 섰다. 타는 손님은 앞문으로, 내리는 손님은 뒤편이다. 그런데 뒤편에는 문이 없다. 뒤가 터진 그대로이다. 손님이 폴짝 뛰어내린다. 정감이 가는 풍경이다.

버스를 따라 갔다. 꼬불꼬불 산길은 점점 높아지고, 이윽고 산 중턱 마을에 광장이 나타난다. 2층짜리 흰 벽돌집이 몇 채 늘어서 있고, 노인들이 나무 그늘에 앉아 체스를 하고 있다. 버스는 거기서 섰다. 종점이었다.

버스는 종점이 있지만 오늘 나에게는 종점이 없다.

나는 차를 점점 산으로 몰고 갔다. 경운기 한 대가 지나다니기에도 좁은 길이다. 속력을 내기 힘들다.

길 옆 언덕배기에 집들이 서 있다. 집 앞 채마밭에서 오이 넝쿨을 매던 농부가 무심히 나를 쳐다본다. 수염도 깎지 않은 수더분한 인상의 농부는 구멍 난 러닝셔츠 하나만 입고 있다. 우리나라 시골 농부와 다르지 않은 모습이다.

마지막 산간 마을을 지나쳐 계속 산으로 올라갔다. 산을 넘을 생각이었다. 내 발밑으로 아스라한 풍경이 펼쳐졌다. 길은 점점 좁아진다. 드디어 길이 끝났다. 더 이상 길이 없는 것이다.

내려서 잠깐 산 아래 풍경을 바라보았다. 특별한 풍경은 없는데 왠지 가슴이 뭉클하다. 나는 왜 여기까지 와 있는가. 마치 멀고.먼 구도의 길을 걸어온 것만 같다.

차를 돌려 다시 마을로 내려갔다. 또 어디로 갈 것인가. 제노바로 갈까? 제노바, 좋은 곳이다. 그야말로 도떼기시장 같은 곳이지만 사람 사는 냄새가 풍기는 도시가 제노바이다.

나그네는 스위스 쪽으로 다시 방향을 돌렸다. 목표 지점은 알프스의 4대 봉우리 중 대표적인 스위스의 아이거 북벽과 마터호른이다. 각각 해발 5천 미터의 칼날 같은 능선들이다.

다시 북으로 차를 돌리니 알프스 산맥의 만년설이 눈에 들어온다. 쾌청한 봄빛에 반사된 알프스 산정이 눈부시다.

아름다운 베르네의 고향, 그린델발트

차를 달리고 달려 스위스의 그린델발트 Grindelwald에 도착하니 때마침 마을의 봄 축제가 열리고 있었다. 아름다운 스위스 아가씨들이 꽃이 그려진 치마와 모자를 쓰고 스위스 전통춤을 추고 있다. 스위스는 꽃이 피는 봄이 가장 아름답고 축제도 가장 많다.

'아름다운 베르네, 맑은 시냇물이 넘쳐흐르네……'

이 노래가 나온 곳이 바로 그린델발트이다. 베르네는 이곳에 있는 작은 마을로, 노래처럼 아름다운 곳이다. 파란 잔디밭 사이로 드문드문 서 있는 2층 목조 가옥들, 그 사이로 쏜살같이 흐르는 시냇물.

스위스에서도 가장 아름다운 곳 그린델발트에는 유명한 것이 두 개 있다. 하나는 아이거 북벽, 또 하나는 융프라우이다. 해발 5천 미터의 아이거 북벽과 융프라우는 몽블랑, 마터호른과 함께 알프스의 4대 봉우리이다.

밤이 되었다. 어슬렁어슬렁 동네 구경을 나섰다. 선술집, 레스토랑, 등

그린델발트의 2층 목조 가옥

산용품점이 늘어선 거리. 어디선가 왁자지껄 소리가 난다. 창으로 들여다보니 작은 선술집이다. 문을 열고 들어섰다.

 멀리 스탠드가 있고 삼삼오오 젊은이들이 맥주잔을 들고 이야기를 나누고 있다. 행색을 보니 대부분 알피니스트들이다. 알프스에서 가장 정복하기 힘든 아이거 북벽이 도도하게 버티고 있는 이곳에는 산악인들이 많이 온다.

 스탠드로 걸어가 맥주 한 병을 시켰다. 옆에서 영국에서 온 20대 젊은이들이 다트를 하고 있다. 그들을 보면서 스탠드에 기대어 맥주를 한 잔 마신다. 술을 팔던 주인이 말을 걸어온다.

 "꼬레아?"

 '어떻게 내가 꼬레아인 걸 알았지?' 갑자기 궁금해진다. 유럽 사람들은 한국 사람과 일본 사람을 잘 구분하지 못한다. 더구나 나는 일본 사람조차도 나를 일본인으로 착각할 만큼 일본 사람처럼 생겼는데도 이 주인은 대번에 내가 한국인이라는 것을 알아맞힌 것이다.

 "내가 한국인인 걸 어떻게 알았나요?"

 그가 싱긋 웃으며 말한다.

 "일본인은 술집에 들어서기 전에 문틈으로 실내의 동정을 조심스럽게 살핀 뒤 살짝 문을 열고 조심조심 스탠드까지 걸어와서 속삭이듯 맥주를 달라고 하지요. 그러나 한국 사람들은 달라요. 문 여는 모습부터 힘차고, 걸어 들어오는 모습 또한 거칠 것 없어요. 그리고 당당하게 술을 요구하지요. 당신의 태도가 바로 그러했어요."

만년설이 덮여 있는 아이거 북벽

술집 안은 온통 알피니스트뿐이다. 영국은 물론 독일, 네덜란드, 프랑스에서 온 젊은이들로 꽉 차 있다. 세계 각국의 언어가 여기저기서 들린다. 창 너머로 아이거 북벽의 모습이 보인다. 달이 교교하게 떠 있고 별빛도 총총한데 아이거 북벽은 만년설 때문에 더욱 차갑게 보이다.

다음날 아침 그린델발트에서 산악 열차를 탔다. 톱니바퀴 열차는 힘겹게 30분쯤 오르더니 드디어 해발 3천 미터의 고원에 있는 세계에서 가장 높은 역이며 세상에서 가장 작은 역인 클라이네 샤이데크Kleine Scheidegg 역에 도착했다.

역 정거장을 나서는데 도도하게 버티고 선 아이거 북벽이 한눈에 들어온다. 세상은 온통 눈밭이다. 아직 5월이라 눈이 채 녹지 않았다. 해발 5천 미터, 만년설이 덮여 있는 아이거 북벽에서 매운 칼바람이 불어내린다. 코끝이 싸하다.

멀리 '하얀 거미'가 보인다. 8부 능선쯤에 있고, 마의 벼랑이라 불리는 하얀 거미는 아이거 북벽 정복의 최대 장애물이다. 일단 오르고 나면 자신의 위치를 파악할 수 없는 만년설 속에서 칼날 같은 벼랑의 연속인 하얀 거미. 거기서 해마다 한 사람 이상의 알피니스트가 떨어진다.

아이거 북벽 앞에 있는 베이스캠프 모텔에는 미국, 영국, 프랑스, 독일, 일본, 한국 등 8개국의 국기가 게양되어 있다. 아이거 북벽을 정복한 국가의 깃발이다. 저곳을 정복하기 위해 얼마나 많은 알피니스트가 목숨을 잃었을까? 거기서 태극기를 바라보고 있노라니 가슴이 뭉클해진다.

스위스 산골로 산골로

만년설이 녹아 뿌옇게 내를 만들고 있다.
　점점 산이 높아지면서 스위스의 산골로 접어든다. 드넓은 초지가 펼쳐진 마을을 수도 없이 지나고 또 지나니 외양간이 있는 오래된 목조 가옥들이 늘어선 마을이 나타난다. 비스프라는 곳이다.
　내 차 곁으로 금발의 스위스 10대 남녀가 지붕 없는 룸바르기니 스포츠카를 몰고 시원하게 앞서 나간다. 아이들의 얼굴에는 정말 구김살이라고는 하나도 없다. 저 녀석들은 자기의 할아버지들이 용병으로 팔려나가 프랑스 부르봉 왕조의 근위병이 되고, 로마 교황청의 경호병이 되어 고향의 처자를 먹여 살렸던 역사를 한 줄이라도 알고 있을까?
　돈 몇 푼 때문에 부르봉 왕조의 마지막 황제를 지키면서 결국은 600명 전원이 창에 맞아 죽었던 스위스 용병의 비참한 역사를 알고 있을까? 루체른에 있는 '빈사의 사자상'이 그 역사를 형상화하고 있다는 사실을 알고 있는가 말이다.

이런저런 생각을 하면서 산골 마을을 지나 개울 하나를 건너 산악도로를 막 타려는 순간 갑자기 바리케이드가 길을 막았다.

'5월 15일까지 도로 폐쇄. 아직 눈이 녹지 않았음.'

바리케이드에는 그렇게 씌어 있었다. 5월 15일까지도 눈이 녹지 않는다니. 과연 스위스는 산악 국가다. 하는 수 없이 차를 돌려 왔던 길을 되돌아갔다. 갑자기 배가 고프다. 경치에 취해 배가 고픈 것도 잊어버렸던 것이다.

이삼십 채의 집이 있는 마을이 보인다. 마을에 들어가 식당 앞에 차를 세웠으나 식당은 휴업 중이다. 마을 사람에게 가까운 식당이 없느냐고 물으니 마을 세 개를 통과해야 식당이 있다고 한다. 차를 몰아 마을 세 개를 통과했다. 문을 연 식당이 겨우 하나 있다.

테라스에 놓인 테이블에 앉았다. 앞치마를 두른 아름다운 스위스 아가씨가 메뉴판을 보여준다. 메뉴판을 읽고 있는데 아가씨가 묻는다.

"식사는 감자 수프와 육포밖에 없는데 그거라도 드시겠습니까?"

감자 수프와 육포뿐이라니? 세계에서 가장 잘사는 이 나라 식당에 음식이 단 두 종류밖에 없다니 도저히 믿어지지 않는다.

아가씨가 덧붙인다.

"점심시간이 10분밖에 남지 않아 그나마도 지금 있을지 모르겠네요."

지금 시각은 12시 50분. 점심식사는 12시부터 1시까지 단 한 시간 동안만 판다는 얘기이다. 과연 시계가 유명한 나라답게 밥 먹는 시간도 정확하다.

여러 소리 할 것 없이 감자 수프와 육포를 얼른 주문했다. 감자 수프와 육포가 나왔다. 먼저 감자 수프를 한입 먹었다. 으악! 이건 수프가 아니다. 짜디짠 소금물에 삶은 감자를 띄운 것 같다. 이걸 음식이라고 팔다니. 이번에는 육포를 먹어본다. 쇠고기는 분명한데 역시 지독하게 짜다. 게다가 겨우내 말린 것이어서 질기기까지 하다.

짜디짠 감자 수프와 천막 쪼가리 같은 육포 조각. 그걸 씹으면서 나는 알았다. 스위스가 오늘날 이만큼 살기까지 짠 감자 수프와 육포 조각으로 그 긴 겨울을 났다는 것을. 잘 살아보겠다고 이를 악물고 또 악물면서 지독하게 아끼고 절약해 온 세월이 있었다는 것을. 감자 수프와 말린 육포는 바로 이들의 고육지책이요, 긴 겨울을 나는 지혜이며 인내심이 없으면 먹을 수 없는 음식이었던 것이다.

속이 아릴 정도로 짜디짠 감자 수프와 육포를 간신히 다 먹고 일어섰다. 아가씨는 음식이 맛있어서 다 먹고 일어서는 줄 알았는지 곁에서 빙긋이 웃는다.

그랑 드 카퓌신의 샤토브리앙

　　　　　　　새벽 2시, 차는 파리 시내로 들어선다. 샤모니 몽블랑에서 차를 몰고 출발한 지 여섯 시간 만이었다.

　오는 도중에 브장송의 벌판에서 벼락을 만났다. 어둠 속에서 벼락이 떨어질 때마다 끝없는 벌판 위에 고목이 드문드문 서 있는 것이 보였다. 낡은 흑백 영화의 한 컷 같았다. 벼락은 대지를 반으로 가르듯이 떨어졌고, 곧 산이 깨지는 듯한 굉음이 들려왔다. 오금이 저렸다. 도시의 불빛이 보이고, 그 도시가 파리인 것을 알고 나서야 안도의 한숨이 나왔다.

　어둠을 가르며 파리에 들어서니 상가의 문은 모두 닫혔고, 가로등만 조용히 거리를 비추고 있다. 모두들 잠을 자고 있구나. 그러나 세상이 모두 잠든 이 야밤에 나그네는 호텔을 찾아야 한다. 뭐 하러 이 고생을 사서 하는가.

　배가 고프다. 저녁 내내 굶었다. 파리의 식당은 대개 새벽 2시까지 영업을 한다. 지금은 2시, 식당들이 문을 막 닫을 시간이다. 오페라 거리 쪽으로 가서 식당을 찾았다. 오페라 좌座를 마주보고 오른쪽으로 돌아가니 문을 연 식당이 하나 보인다. 간판에 '레스토랑 그랑 드 카퓌신'이라고 적혀 있다.

그랑 드 카퓌신은 꽤나 유명한 식당이다. 이 집은 샤토브리앙이라는 스테이크가 전문이다. 무조건 차를 세우고 들어갔다.

한밤중에 문을 연 식당치고는 실내 장식이 화려하다. 빨간 카펫, 고급스런 샹들리에, 품위 있는 벽화, 거기에 검은 미니스커트와 흰 블라우스를 입은 파리지엔들이 다리를 꼬고 에스프레소 커피를 마시고 있다.

갸르송이 휘파람을 불면서 메뉴판을 가지고 온다. 몇 시까지 영업을 하냐고 묻자 "밤새도록 하니까 걱정 말라"며 윙크를 한다. 하얀 피부에 키만 멀쑥하게 큰 것이 철딱서니 없게 생겼다. 귀여운 녀석이다. 나이는 스물다섯 정도 되어 보인다.

샤토브리앙을 주문해 놓고 화장실에 가서 손을 씻는데 수도꼭지에 푸른 녹이 슨 것이 보였다. 50년은 넘은 듯했다. 수도꼭지조차 관록이 있다.

샤토브리앙이 나왔다. 고기 두께가 반 뼘은 될 것 같다. 이제까지 먹어본 스테이크 중에서 가장 두껍다. 그 위에 겨자 덩어리가 놓여 있다. 겨자를 발라서 먹으라는 얘기이다. 버터를 살살 녹여서 발라 먹는 여느 스테이크와 다르다. 포크로 겨자를 살살 바른 뒤 한 조각 먹어본다. 오우! 제대로 만든 샤토브리앙이다.

이 스테이크는 본래 대단한 미식가였던 프랑스의 샤토브리앙 백작이 개발한 음식인데, 고기가 워낙 두툼해서 여간한 기술이 아니고는 속까지

두툼한 육질이 일품인 샤토브리앙

익지 않는다. 얼마나 고기를 잘 익히는가가 샤토브리앙의 맛을 좌우한다.

칼로 잘라 한 조각 더 먹어본다. 그 두께가 꽤 두툼한데도 잘 썰린다. 그만큼 잘 익었다는 얘기다. 그러고 보니 나이프도 좋다. '이녹스'이다. 좋은 식당은 역시 나이프도 좋은 것을 사용하나 보다. 맛있게 한 접시 잘 먹었다.

겨자를 발라 먹는 샤토브리앙 스테이크. 우리나라에서도 몇 년 전에 드디어 '메이드 인 코리아 샤토브리앙' 스테이크가 나왔다.

한국의 샤토브리앙 주방장이여! 바라건대 그랑 드 카퓌신의 샤토브리앙을 눌러라. 청출어람 靑出於藍이라는 말도 있지 않은가. 우리나라 주방장님들의 건투를 빈다.

세 번째 골목 | 포도주의 고장 보르도에서 대서양 연안까지

포도주 고장으로 가는 길

　　　　　　　　　　프랑스가 포도주의 왕국이라는 것은 누구나 다 아는 사실이다. 이탈리아와 독일 포도주도 유명하지만 아무래도 독일은 포도주보다 맥주가 더 유명하고, 근래 미국의 캘리포니아산 포도주나 호주에서 생산되는 포도주가 우리나라에 많이 수입되고 있지만 포도주의 왕국은 여전히 프랑스이다.

　때는 늦은 9월, 한창 포도를 수확할 때다. 프랑스의 포도 수확철은 보통 9월 하순부터 11월까지이다. 프랑스 남부에서 9월 하순부터 시작하여 프랑스 북부는 11월에 끝난다. 프랑스는 거의 전국에서 포도가 생산되지만 가장 유명한 포도 산지는 보르도와 부르고뉴, 샹파뉴이다. 이 중 프랑스 중부에 있는 상세르와 보르도에 가보기로 한다.

　자꾸 눈앞에서 포도주들이 아른거린다. 적포도주, 백포도주, 로제(핑크빛 포도주), 그리고 아주 단 노란색 포도주 소테른Souternes. 마음이 급해져 파리 외곽의 환상선環狀線을 따라 남프랑스로 내려가는 고속도로를 달리기 시작한다.

야트막한 구릉을 바라보면서 프랑스에서 가장 큰 파리 분지 지역을 빠져나간다. 한참을 달리다보니 배가 고프다. 아침에 파리를 출발했는데 어느덧 점심시간이 지나 있다. 오후 1시 20분. 시골 도시의 식당에서는 2시까지 점심을 팔지 않는다. 일단 밥을 먹기로 하고 식당으로 향했다. 목재로 된 원형 건물이 꼭 팔각정처럼 생겼다.

문을 열고 들어갔다. 장작이 활활 타는 대형 벽로가 있고, 벽로에 걸린 석쇠에서 종업원이 스테이크를 굽고 있다. 손님들은 창가 쪽 테이블에 앉아 식사를 하고 있다. 점심시간이어서인지 종업원들이 바쁘게 움직인다.

벽로 앞에 테이블 하나를 차지하고 앉자 여종업원이 주문을 받으러 왔다. 몸무게가 100킬로그램에 육박한 거구의 아줌마는 부업 삼아 일을 하는지 주문을 받는 솜씨가 투박하지만 오히려 그 투박함이 편하게 느껴진다.

이 집의 특선 메뉴는 안심 스테이크와 통감자구이다.

그걸 하나 시켰다. 뚱뚱한 여종업원이 고깃덩어리를 가지고 가서 직접 석쇠에 얹고

손님이 주문하면 즉석에서 고기를 구워준다.

굽는다. 지글지글……. 바로 앞에서 고기를 구워주니 더욱 군침이 돈다.

드디어 다 구워진 스테이크가 내 앞에 왔다. 미디엄으로 구워진 안심 스테이크와 어른 주먹만한 통감자.

고기를 한 조각 썰었다. 부드럽게 잘 썰린다. 한 조각을 입에 넣었다. 고기는 기막히게 부드러운데 좀 싱겁다. 소금을 조금 뿌리고 한 조각 더 먹었다. 그런데도 싱겁다. 통감자는 껍질째 소스에 찍어 먹었다. 감자 역시 싱겁다. 음식이 싱겁다는 건 사람들의 성격이 그만큼 평화롭다는 뜻이다.

음식은 다 먹었지만 먹은 것 같지가 않다. 양은 충분한데 맛이 자극적이지 않아 포만감이 안 느껴지는 것이다. 설렁탕에 깍두기 국물을 부은 다음에 매운 김치를 곁들여 먹어야 포만감을 느끼던 위가 여기 프랑스에 와서도 그걸 요구하고 있는 것이다.

백포도주의 고장, 상세르

오후 4시 즈음 상세르Sancerre에 도착했다. 인구가 2천 3백 명 정도이고, 상점이 두어 개밖에 안 되는 아주 한적하고 작은 시골 마을이다. 이 마을 광장은 시청, 우체국, 관광 안내소, 기념품 가게, 포도주 가게, 성당, 타박, 레스토랑이 둘러싸고 있었다.

상세르 지방은 백포도주로 유명한 곳인데, 이곳의 백포도주는 고급이라기보다는 대중적이다. 여기에서 생산되는 백포도주는 프랑스 5대 백포도주에 속한다고 한다.

좁다란 시골 마을길을 통과해서 '앙리 부르주아'의 홍보 담당 직원과 함께 직영 포도밭으로 갔다. 사방이 온통 포도밭이다.

방금 전까지만 하더라도 해가 쨍쨍하더니 포도밭에 도착하고 나니 비가 흩뿌리기 시작했다. 프랑스의 날씨는 굉장히 변덕스럽다. 비가 오면서 해가 나고, 어쨌든 변화무쌍하다.

포도밭의 면적은 2천 8백 헥타르다. 즉 840만 평, 어마어마한 크기이

눈앞에 보이는 건 모두 포도밭이다. 끝없이 펼쳐진 상세르의 포도 경작지

다. 지평선 끝까지 아스라하게 펼쳐진 포도밭. 드넓은 벌판이다. 프랑스가 미국, 러시아에 이어 세계 3위의 농축산물 생산 국가라는 말이 실감날 정도이다. 산은 아예 찾아볼 수 없다. 사방이 야트막한 비탈이다. 비탈 위에 걸려 있는 건 푸른 가을하늘뿐, 거기에 포도가 심어져 있다. 땅이 이렇게 넓으니 그 생산량이 얼마나 많겠는가.

비를 맞으면서 수십 명의 인부들이 포도를 따고 있다. 밭 한쪽에는 기계도 다닌다. 가만히 보니 적포도는 사람이 직접 따는데 백포도, 즉 청포도는 트랙터같이 생긴 기계가 포도밭으로 들어가 가지를 흔들어 따서 통에 담고 있다. 기계는 전자동이다.

적포도를 따고 있는 사람들과 인사를 했다. 악수를 하는데 한결같이 손이 투박하고 끈적끈적하다. 포도의 높은 당도가 그대로 그들의 손에 묻어난 것이리라. 포도를 한 알 먹어본다. 설탕덩어리이다. 굉장히 달다. 우리나라에서 나는 포도와는 비교가 되지 않는다. 하지만 알은 앵두보다 조금 더 큰 정도로 크기가 아주 작다.

프랑스 포도는 거의 100퍼센트 포도주용이다. 시장에 가면 식용 포도를 팔기는 하지만 거의 먹지 않는다. 극히 일부분만 포도주 생산에 사용되는 우리나라와는 정반대이다.

포도밭의 일용직 노동자 중에는 아랍인이 더러 섞여 있지만 대부분 근처에 사는 주민들로 9월부터 11월까지 포도밭만 다니며 전문적으로 포도를 따는 집단이다. 인원은 30명 정도이다.

그들은 다시 일을 하기 시작한다. 모두 작은 삼태기나 플라스틱 통을 가지고 60센티미터 정도의 작은 포도나무 옆에 쪼그리고 앉아 있는데, 가만히 보니 포도만 따는 것이 아니다. 이따금씩 포도나무 가지를 잘라서 넣기도 한다. 그 이유를 동행한 홍보 담당 직원에게 물어보니 포도나무 가지를 잘라서 넣어야 포도주가 제대로 만들어진다고 한다. 포도나무 가지에는 타닌 성분이 있는데 이 성분이 포도주의 텁텁한 맛을 내는 주범이라는 것이다.

여기서 생산된 포도주는 1년에 약 100만 병 정도. 매출은 해마다 조금씩 차이가 나는데 그 이유는 해마다 작황이 다르기 때문이다. 비가 많이 오고 일조량이 적은 해에는 수확량이 적고, 적당히 비가 오면서 일조량이 좋은 해에는 수확량이 늘어난다.

그에게 좋은 포도주가 생산되는 조건을 물어보았다.

첫째, 포도나무의 품종에 따라 포도주의 질이 달라진다.

이곳에서는 적포도나무의 경우는 '비누누'라는 품종을, 백포도나무는 '소비뇽'이라는 품종을 심는다. 수백 종의 포도 묘목 중 단 두 종만 심은 데는 이유가 있었다. 오랜 세월 동안 포도 농사를 지어온 결과 이 지방의 토질, 바람, 일조량, 강우량에 가장 적합한 품종이기 때문이다.

대체로 이 지방의 포도나무에는 열매가 많이 열리지 않는다. 스트레스를 받으면서 자라기 때문이다. 그러나 보르도는 그렇지 않다. 보르도 지방의 포도는 충분한 햇빛, 산소가 풍부한 바닷바람, 양분이 많은 토지의 영향으로 스트레스를 모르고 자란다. 그에 비해 상세르의 포도는 양분이 적은 척박한 토질을 비롯해 적은 일조량, 잦은 비, 거센 바람, 낮은 기온(겨울에는 영하 15도까지 기온이 내려간다) 등 많은 스트레스를 받으면서 자라 알은 적게 열리지만 당도는 높다.

이 모든 조건으로 보았을 때 상세르 지방은 포도 농사에 적합한 기후가 아니다. 그런데도 이 지방의 사람들은 추운 겨울 날씨와 척박한 땅에 견뎌낼 수 있는 품종을 골라 모두 남서쪽 방향으로 심어 햇볕을 최대한 많이 받게 하고, 북쪽에는 언덕을 두어 바람을 막음으로써 포도주 판매에 성공했다. 상세르 사람들의 개척 정신이 돋보인다.

앙리 부르주아의 포도 농장

다음날 아침 '샤비뇰'이라는 마을에 갔다.
포도 저장 창고, 포도주 판매 가게, 포도 가공 공장이 있고, 첨탑이 뾰족한 교회가 있으며, 마을 공동묘지 뒤로는 비탈진 산에 포도가 심어져 있다. 주위를 가만히 둘러보니 포도를 심을 수 있는 곳에는 최대한 많이 포도를 심어놓았다.

샤비뇰에는 열 개의 포도주 생산 회사가 있다. 브로샤, 토마스, 드 라 파르트, 샤류 라 포르테, 앙리 부르주아 등이 그것인데 그 중 가장 오래 된 회사는 1726년에 생긴 '앙리 부르주아'이다. 이들 회사는 모두 개별적으로 거대한 포도밭과 포도 저장 창고를 가지고 있으며, 각기 다른 상표로 포도주를 만들어 판매한다.

먼저 앙리 부르주아의 포도주를 파는 가게로 들어섰다. 백포도주, 로제, 적포도주 등이 진열장에 전시되어 있고, 금발의 여인이 자기 포도밭에서 생산된 포도주를 병째 주욱 늘어놓고 카운터에 서서 손님을 맞고 있다. 키는 160센티미터도 안 되어 보일 만큼 작은데 미모가 뛰어나다. 인사를 한 뒤 그녀가 포도주에 대해 열심히 설명을 한다. 영어가 유창하다. 이런 시골 마을에서 영어를 유창하게 하는 사람을 만나는 건 아주 드문 일이다. 의외로 프랑스 사람들은 영어를 못한다. 자국어에 대한 자부심 때문에 프랑스 사람들이 일부러 영어를 안 쓰는 거라고 말하는데 그건 극히 드문 일이고, 대개는 영어를 잘 못하는 것이다.

프랑스 여자뿐만 아니라 유럽 여자들의 꿈은 큰 포도밭 주인과 결혼하는 것이다. 프랑스의 포도밭 주인들은 대개 수십만 평의 포도밭을 가지고 있고, 거기서 막대한 양의 포도주를 생산해 내는 거부들이기 때문이다. 게다가 그들은 샤토를 가지고 있는 경우가 많다. 샤토는 성城이라는 말로, 과거에는 영지였으나 지금은 포도주를 생산하는 일종의 단위 회사를 의미한다. 3층짜리 우람한 샤토의 성주 같은 존재들이 바로 프랑스 포도밭 주인들이다. 돈 많고, 거대한 성을 소유하고 있으니 그런 총각과 결혼만 하면 자연히 왕비가 되지 않겠는가.

그녀가 포도주를 종류별로 한 잔씩 따라준다. 백포도주, 적포도주, 핑크빛 포도주를 한 잔씩 시음했다.

포도주가 아주 맛있다. 샴페인과 맛이 비슷한데 달콤하면서도 아주 상쾌하고 깨끗해서 샴페인을 마셨을 때 느껴지는 텁텁함이 없다. 그 옛날 고등학교 시절, 소풍 가서 마신다고 몰래 숨겨간 포도주나 샴페인 맛과는 아주 다르다. 사회생활을 하면서 맛보았던 우리나라 국산 포도주와도 또 다른 맛이다. 이루 설명할 수 없이 맛이 아주 좋다.

앙리 부르주아의 지하 저장 창고. 오크통 안에서 포도주가 숙성되고 있다(위).
포도주는 연도별로 보관되어 있다(아래).

석 잔을 마셨더니 은근히 취한다. 기분이 '떵호와'다.
　　산지에서 파는 포도주 가격은 우리나라에서 사는 것보다 훨씬 저렴하다. 몇 병 사고 싶지만 무게가 만만치 않다. 앞으로의 긴 여행을 위해 일단 포기하고, 내 오랜 꿈인 앙리 부르주아의 케이브(지하 저장 창고. 불어로 '꺄브')로 갔다. 케이브는 가게 바로 옆에 있었다.
　　육중한 나무 대문을 열고 들어가니 1층부터 포도주가 들어 있는 오크통이 수백 개 쌓여 있다. 큰 오크통은 452리터짜리이고, 작은 통은 그 절반인 226리터짜리이다.

앙리 부르주아의 주력 상품이 오크통 속에서 숙성되고 있다.

포도주는 우리가 생각하는 것처럼 숙성 기간이 길다고 해서 무조건 좋은 것이 아니고, 포도의 품질이 좋아야 한다. 따라서 '오래된 포도주 = 좋은 포도주'라는 등식은 성립되지 않는다. 더구나 이 지역에서 생산된 포도주는 수확되어 불과 몇 개월 동안 숙성 과정을 거친 다음 그 이듬해에 판매된다고 한다.

여기서 숙성된 백포도주는 병에 담겨져 전 세계로 수출된다. 주요 시장은 스칸디나비아 3개국과 덴마크, 미국이며, 근래에는 일본과 한국에도 수출을 하고 있다. 홍보 담당 직원이 오크통을 열어 맛을 보여주었다. 적포도주였는데 아직 숙성이 덜 되어 약간 싱겁고 떫은 맛이 난다. 하지만 맛 자체는 신선하다.

지하 창고로 들어가니 그동안 생산된 포도주들이 뽀얗게 먼지를 뒤집어쓰고 누워 있다. 병을 눕혀서 보관하는 이유는 코르크 마개가 건조해지는 것을 방지하기 위해서이다. 코르크 마개가 건조해져 갈라지면 공기가 들어가 포도주가 부패해 버리기 때문이다. 지하 동굴이 직사광선이 닿지 못하게 설계된 것도 같은 맥락이다. 직사광선이 포도주 병에 닿으면 맛이 식초처럼 변해 버린다.

이 지하 창고에는 포도주가 약 5천 병 정도 있다. 포도주 병을 살펴보니 1934년에 생산된 것이 몇 병 있고, 그보다 1~2년 오래된 것도 몇 병 있다. 이것들은 판매용이 아니고 연구용이라고 한다. 이미 그 당시 대량으로 생산되어 대부분 판매되고, 연구 목적으로 일부만 남겨 보관하고 있는 것이다.

　제대로 된 포도주 저장 창고는 보르도나 부르고뉴 지방에 가야 볼 수 있다.

　구경이 끝났다. 홍보 담당 직원이 자기네 농가 식당에서 점심을 먹자고 한다. 듣던 중 반가운 소리이다. 시골 농가에서 점심식사를 한번 해보고 싶었기 때문이다. 우리 일행은 길 건너편에 있는 농가로 갔다.

시골 농가에서의 점심

흙이 잔뜩 묻어 있는 계단을 따라 2층 식당으로 올라가니 나무로 된 긴 식탁 네 개가 있고, 그 중 한 식탁에 열 명 정도의 사람들이 앉아서 식사를 하고 있다.

찬찬히 보니 얼굴들이 낯익다. 어제 포도밭에서 본 노동자들이다. 그 가운데에는 미모의 여성도 있는데 바로 포도주 판매 가게에서 일하는 그 여성이다. 그리고 그녀 옆에는 마치 영화 「노트르담의 곱추」의 콰지모도처럼 못생긴 30대의 사나이가 앉아서 식사를 하고 있다. 누구냐고 물어보니 '앙리 부르주아' 사장이란다. 그리고 그 옆에 앉은 미모의 여성은 그의 아내라고 한다.

사장은 일하다 왔는지 작업복 차림이다. 복장이 검소 그 자체이다. 헝클어진 머리며 후줄근한 작업복, 도무지 247년간 포도주 회사를 이끌어 온 앙리 부르주아 집안의 사장 같지 않았다.

식사가 왔다.

맨 처음 나온 것은 전채前菜. 홍당무를 채썬 것에 토마토를 큼직큼직하게 썰어 넣고, 거기에 찐 계란을 잘라 넣은 다음 겨자 소스를 뿌렸다. 모양새는 전혀 신경 안 쓰고 그야말로 영양가 위주로 만든 것이 시골음식답게 투박하다. 덜어서 먹어보니 쉽게 잘 넘어간다.

이어 나온 것이 메인 디시. 뼈가 붙어 있는 돼지고기 스테이크이다. 프랑스에서 돼지고기 스테이크를 먹어보기는 처음이다. 프랑스 사람들은 쇠고기만 먹는 줄 알았는데 그게 아닌가보다. 썰어서 먹어보니 간도 잘 맞고, 좀 거칠지만 맛이 있다.

돼지고기를 먹고 나니 프로마주, 즉 세 종류의 치즈와 빵이 나왔다. 치즈를 빵과 함께 한 조각씩 먹었다. 포만감이 느껴진다. 끝났나 했더니 디저트로 사과 파이가 나왔다. 바로 이 식당에서 방금 구웠다는데 아주 달고 맛이 있다.

시골 농가라지만 사람들은 장화 신은 밭료 일하다가 먹을 건 확실히게 다 챙겨서 먹고 있었다. 음식이 모두 영양가가 풍부하면서 힘든 노동을 견딜 수 있도록 영양식으로 만들었다. 평소보다 많이 먹었다. 이곳에서 일하는 여성들이 접시를 바닥내고 일어서는 나를 아주 흡족한 표정으로 바라보았다.

포도주의 메카, 보르도

상세르의 추억을 뒤로하고 프랑스 포도주의 대명사라 할 수 있는 보르도Bordeaux로 향한다.

달려도 달려도 포도밭이다. 벌써 80킬로미터째이다. 가도 가도 끝이 없다. 보르도가 세계 제1의 포도주 생산지라는 말은 익히 들었지만 이렇게 넓은 줄은 몰랐다. 기업농이란 것이 이런 것인가? 세 개의 시를 통과했는데 지롱드 강을 끼고 있는 언덕이 모두 포도밭이다.

포도주의 본고장답게 끝없이 펼쳐진 보르도의 포도 경작지

보르도 지방에서는 1년에 약 6억 병의 포도주를 생산해 낸다. 돈으로 치면 5조 원 이상이 된다. 프랑스는 물론 세계에서도 1위이다. 보르도는 우리나라로 치면 도道 정도에 해당되는 넓은 곳이다.

여기서 포도주 생산으로 가장 유명한 곳은 메독, 그라브, 생테밀리옹 세 곳이다. 메독은 바로 대서양에 잇닿아 있는 지방이고, 그라브가 그 옆, 그리고 생테밀리옹은 조금 더 내륙으로 들어와야 한다. 이 세 곳 외에도 포므롤, 프롱작이라는 마을에서도 포도주를 생산하고 있지만 그것까지 샅샅이 다 알려면 머리가 복잡해진다. 보르도에는 무려 8천 개의 샤토가 있고, 샤토마다 상표를 달고 포도주를 생산하고 있다. 이 중에서 우리에게 가장 잘 알려진 곳은 '생테밀리옹 St. Emillion'이다.

차는 생테밀리옹을 향해 달린다. 조그마한 2차로 양 옆은 전부 포도밭이다. 생테밀리옹에 도착했다.

2층의 석주 건물이 늘어선 작은 시골 도시. 광장에는 분수대가 물을 뿜어내고, 그 옆으로는 프랑스 국기가 달린 호텔과 기념품 가게, 포도주 가

포도주로 유명한 생테밀리옹 시내

게가 늘어서 있다. 도로는 포석으로 깔아 고풍스럽다. 그러나 포도주의 명성만큼 큰 도시는 아니다. 중심 거리가 겨우 손바닥만하다. 시내는 걸어서 채 10분도 되지 않는다.

현재 생테밀리옹은 생 조지, 몽타뉴, 파르작, 뤼삭, 퓌스갱 등 다섯 개의 마을로 구성되어 있다. 이 마을에는 일흔세 개의 포도 경작자, 즉 일흔세 개의 포도주 회사가 있다. 이들 포도주 경작자는 두 부류로 나뉜다. 하나는 프르미에 그랑크뤼(최우수 경작자)로 모두 열한 개이고, 그 다음이 그랑크뤼(우수 경작자)인데 예순두 개의 회사가 이에 속한다.

포도주 경작자들은 수십만 평 혹은 수백만 평 단위의 포도밭을 소유하고 있고, 자신이 재배한 포도로 포도주를 생산, 판매하는 단위 회사들이다. 이들은 1924년에 '생테밀리옹'이라는 이름을 공동으로 사용하기로 합의하고, 그때부터 자기의 샤토, 즉 단위 회사의 이름 뒤에 '생테밀리옹'이라는 지역명을 넣어 포도주를 생산하고 있다. 말하자면 '생 조지 생테밀리옹', '몽타뉴 생테밀리옹', '파르작 생테밀리옹', '뤼삭 생테밀리옹'이 된 것이다.

나는 마을의 중심인 분수대 광장에서 불과 100미터 떨어진 '클로 드 메뉴' 사의 전시장으로 갔다. 이 회사는 1875년에 창업해서 현재 3대째 운영되고 있으며, '뤼삭 생테밀리옹'이라는 포도주를 생산, 판매하고 있다.

그곳에서 그 회사 사장인 필립을 만나기로 약속했다. 그런데 40분을 기다려도 그는 나타나지 않았다. 전화를 해봤으나 휴대폰도, 집전화도 받지 않았다. 하는 수 없이 생테밀리옹에서 30분 정도 떨어진 리부르네의 호텔로 갔다. 이미 예약을 해놓은 상태였다. 생테밀리옹은 1년 내내 외국 관광객으로 붐비기 때문에 몇 달 전에 예약을 하지 않으면 방을 잡을 수 없다.

리부르네의 호텔 드 팔레스 카디날에서 하룻밤을 자고 다음날인 아침 8시에 다시 전시장으로 갔다. 아침 일찍 도착해서 근처의 타박에서 샌드위치에 커피라도 한 잔 마시려고 했는데 타박을 찾을 수 없었다. 할 수 없이 슈퍼마켓에서 잠봉 샌드위치와 오렌지 주스 한 병을 사와 차 뒤 트렁크에 올려놓고 먹었다.

아침 8시 50분. 전시장의 여직원, 정확하게는 50대의 프랑스 아주머니가 등장했다. 아주머니는 사장과 내가 약속이 되어 있었다는 사실을 알고 있었다. 조금 부아가 끓어 나타나지 않은 이유를 물었더니 사장은 일요일에는 가족과 함께 지내기 때문에 여간해서는 약속을 안 한다는 것이다. 아차! 내가 실수했구나. 프랑스 사람들은 매우 개방적인 듯 보이지만 사실은 대단히 보수적이고 가족적이라는 사실을 잠깐 잊었던 것이다.

필립 사장은 9시 20분쯤에 나타났다. 그러나 일이 바쁘다며 전시장의 여직원에게 최대한 취재 편의를 도와주라고 말하고 사라졌다. 프랑스 사람들은 그런 면에서 냉정하다. 멀리 한국에서 취재하러 왔다는데 약간의 성의마저 보이지 않는다. 그렇다고 냉대하는 것은 아니다. 전시장을 함께 돌아보고 포도 저장 창고, 즉 케이브를 안내하는 것은 여직원이 충분히 잘해 사장까지 동원될 필요는 없기 때문이다.

여직원에게 물어보니 클로 드 메뉴는 1년에 약 200억 원어치의 포도주를 생산한단다. 포도도 직접 재배한다. 경작지의 면적은 약 90만 평 정도

클로드 메뉴의 지하 저장 창고 입구

인데, 이 회사도 보르도 지방에서는 가장 큰 규모가 아니라고 한다. 생테밀리옹에 있는 포도주 회사의 규모는 상상을 초월한다.

　여직원이 자기네 포도밭에서 생산된 수십 종의 포도주를 보여주고 그 중 몇 병은 한 잔씩 맛보게 해주었다.

　솔직히 나는 포도주 맛을 잘 몰랐다. 우리나라에서 어쩌다 '마주앙'을 마시게 됐고, 친구들이 권한 '모젤'을 몇 병 사 마셨다. 그러다가 프랑스 여행을 하면서 조금씩 마시기 시작했다. 그런데 사람의 혀는 참 묘하다. 그 기억력이 얼마나 뛰어난지 해마다 3월 중순쯤 되면 프랑스 포도주가 마시고 싶어지는 것이다. 왜 그런가 하고 이유를 생각해 보니 프랑스에 처음 온 달이 바로 3월이었다. 그때 18일간 프랑스에 있으면서 매일 싸구려 포도주를 점심에는 두세 잔, 그리고 저녁에는 반 병쯤 마셨더니 때만 되면 포도주가 당기는 것이다.

그때 술을 많이 마신 이유는 취재가 곳곳에서 막히면서 일이 도무지 풀리지 않아 기왕 이렇게 된 거 포도주나 실컷 마시자는 생각에서였다. 대개는 식당에서 저렴한 '뱅 드 테블'을 사먹었지만, 파리에 있는 친구들을 만날 때는 오랜만에 멀리서 왔다는 환영의 표시로 제법 비싼 '생테밀리옹'을 얻어마시기도 했다. 그때 생테밀리옹을 처음 맛보았고, 그렇게 18일 동안 프랑스 포도주에 취해 살았다.

그리고 이듬해 봄이 되었는데 치즈가 먹고 싶어졌다. 치즈는 여간해서는 먹기 고역스런 음식이다. 구린내가 나고, 더구나 곰팡이까지 시퍼렇게 낀 것이 더욱 먹기가 힘들다. 그런데도 갑자기 그 치즈에 포도주가 마시고 싶어지는 것이다. 묘한 노릇이었다. 그 욕구를 억제할 수 없어 치즈에 포도주를 구하기 시작했다.

포도주는 쉽게 구했다. 왜냐하면 대형 할인점이나 주류 매장에서도 생테밀리옹을 팔고 있었기 때문이다. 그러나 곰팡이가 시퍼렇게 낀 치즈는 구할 수 없었다. 대한민국에서 제일 크다는 백화점의 수입 매장에도 없었다. 하는 수 없이 미군 부대에 다니는 친구에게 치즈 한 덩어리만 구해달라고 했다. 그러나 그것도 곰팡이가 시퍼렇게 낀 것이 아니라 그저 평범한 프랑스 치즈였다. 어쨌든 그렇게 포도주에 치즈를 먹었더니 혀가 반기는 것이었다.

클로드 메뉴 지하 저장 창고에 빼곡히 쌓인 포도주

3월에 경험한 포도주의 맛과 치즈의 맛은 해마다 3월이 되면 살아난다. 동지 섣달이 되면 팥죽이 먹고 싶고, 김장철이 되면 보쌈김치가 먹고 싶어진다. 또 한겨울 눈이 내리고 영하로 기온이 떨어지는 첫 추위가 오면 어머니가 왕소금에 찍어주시던 소의 생간과 지라가 먹고 싶어진다. 이렇게 해마다 때가 되면 프랑스의 포도주와 치즈가 너무 먹고 싶어진다. 그래서 그 뒤로 프랑스에 오면 포도주를 실컷 마셨다.

고맙게도 전시장의 여직원은 내가 원하는 만큼 포도주를 맛보게 해주었다. 생테밀리옹의 포도주는 한마디로 맛있었다. 백포도주, 적포도주 모두 맛이 훌륭했다.

내가 아는 한 사람은 유럽에 두 달 동안 머물면서 내내 얼음처럼 찬 소주가 생각났다고 한다. 그래서 공항에 내리자마자 가까운 술집으로 직행해 찬 소주 한 병을 주문한 후 흐뭇한 미소를 띠고 한 잔 주욱 들이켰는데 맛이 너무 없어 그 이상은 더 못 먹었다고 한다.

나는 그 여직원이 권하는 대로 실컷 마셨다. 산지에 와서 원조를, 그것도 공짜인데 이때 아니면 언제 먹겠느냐는 생각 때문이었다.

포도주를 몇 잔 마시고 케이브로 내려가는데 전등을 켜지 않으면 보이지 않을 정도로 캄캄했다. 지하 1층, 2층, 3층까지 달팽이관을 통과하듯 돌아 내려가는데 어디선가 퀴퀴한 냄새가 났다. 1700년대에 지어진 창고라서 그렇단다.

지하 3층에 내려가보니 캄캄한 동굴 속에 희미한 전구를 몇 개 켜놓았다. 자세히 보니 탱크가 지나갈 수 있을 정도로 넓은 길이 여러 갈래 뻗어 있었다. 그리고 알전구가 켜져 있는 벽 아래로 병들이 뉘여 끝없이 쌓여 있었다. 다가가서 자세히 보니 그것들은 수천, 수만 병의 포도주 병이었다. 그 중 한 곳으로 다가갔다. 1995년이라는 명패가 붙어 있는 걸로 보아 1995년산 포도주임을 알 수 있었다. 바닥에서 사람 키 높이까지 쌓아놓았는데 대충 세어보니 2만 병은 넘었다. 한 코너가 이 정도다.

벽을 따라 90년대에 생산된 것부터 80년대, 70년대로 명패는 이어졌고, 술병의 수는 연도가 오래될수록 줄어들었다. 1975년산 클로 드 메뉴의 '라바냑 생테밀리옹' 포도주는 불과 1천 병 정도, 67년산은 500병 정도밖에 없었다.

동굴 안으로 더욱 깊이 들어갈수록 통로가 좁아지면서 겨우 사람 하나 다닐 만한 작은 길이 나왔다. 그 골목으로 들어가 막다른 곳에 이르렀는데 철문이 굳게 닫혀 있고, 그 안에 먼지를 뽀얗게 쓰고 있는 오래된 포도주 병 150개가 차곡차곡 쌓여 있다. 가만히 보니 이 회사에서 생산된 포도주 중 가장 오래된 것들이다.

철문은 자물쇠로 굳게 닫혀 있었다. 여직원에게 연락하자 그 창고의 열쇠는 사장만 가지고 있다며 사장에게 연락하겠다고 한다. 결국 필립 사장이 사무실에서 일하다 말고 열쇠를 가지고 내려왔다. 이 창고 안의 포도주들은 집안의 가보쯤 되는 만큼 자신이 직접 관리한다고 말했다. 그가 자물쇠를 열었다.

들어가보니 포도주 병이 간장병처럼 투박하고 크기가 모두 다르다. 과거에는 포도주 병을 유리 주물 공장에서 사람이 직접 불어서 만들었다고 한다. 그렇기 때문에 모양이 다 다를 수밖에 없는 것이다.

150개의 포도주 중에서 가장 오래된 것이 1921년산이다. 수백 년 전의 것이 아니라서 조금 실망했지만 보르도에서 포도주가 본격적으로 생산된 것이 불과 200년 전임을 생각하면 그나마 오래된 것이라고 할 수 있다. 한 모금 마셔보고 싶었지만 우선 값이 어느 정도인지 모르겠고, 또 사장이 응할지 어떨지 몰라 그냥 좋은 구경한 셈치고 다시 1층 전시장으로 올라왔다.

대체로 포도주 한 병의 값은 2~3만 원대라고 알려져 있다. 그렇다면 이곳 전시장에서 판매하는 포도주들은 얼마나 할까? 포도주 가격표를 달라고 했으나 반출이 안 된다고 한다. 어쩔 수 없이 수첩을 꺼내 포도주 가격을 열심히 적었다.

가장 비싼 포도주는 그라브 지방에 있는 소테른 샤토 디켐(포도주의 샤토로서는 명산지로 알려진 곳)에서 생산된 1989년산 스위트 와인으로, 그랑크뤼 1등급이다. 가격은 거의 고급 양주 한 병보다 비싸다.

그 다음으로는 1988년 샤토 슈발 블랑에서 생산된 그랑크뤼 1등급 포도주와 생테밀리옹의 샤토 오손(오손은 이 지방의 유명한 시인이자 성주)에서 생산된 그랑크뤼 1등급 포도주, 1981년에 샤토 오손에서 생산된 그랑크뤼 1등급 포도주이다. 가격은 26유로(우리 돈으로 30만 원)대이다.

이는 고급 포도주 가격이고, 대체로 이곳에서 판매되는 포도주는 2만 원에서 30만 원 사이이다.

앞에서도 얘기했듯이 포도주는 오래 되었다고 좋은 것이 아니다. 포도를 생산한 샤토의 등급, 즉 1등급 혹은 2등급 경작자가 생산했는가, 그해의 기후는 좋았는가가 주요 관건이 된다. 오래된 포도주라고 해서 값이 비싼 것이 아니다.

포도주는 대개 세 가지 등급으로 분류된다. 그 첫 번째가 뱅 드 테블. 테이블에 항상 두고 한 잔씩 마시는 가장 저렴한 술이고, 두 번째가 뱅 드 페(지방주)로, 뱅 드 테블보다는 조금 비싸지만 역시 대중적인 술이다. 세 번째가 AOC 포도주(원산지 통제 명칭 포도주)로, 유명 산지에서 난 포도로 엄격하게 숙성시킨 이른바 등록된 포도주이다. AOC 포도주가 가장 값이 비싸다.

포도주 가격을 열심히 적고 있는데 스위스에서 온 관광객 수십 명이 버스에서 내렸다. 전시장의 여직원은 그들에게 포도주 전시장과 지하 저장 창고를 보여준 뒤 포도주를 한 잔씩 돌리고 포도주 마시는 법을 가르쳐주었다. 우선 포도주 마개를 따고 한 잔 따른 뒤 하늘에 비추면서 술잔을 살

살 돌려 빛깔을 감상하고, 냄새를 맡아 향기로운지 알아본 후 입 안에 한 모금 넣고 굴리면서 혀와 잇몸으로 맛을 본다. 마지막으로 목젖에 넣어 한 번 더 굴린 뒤 삼키면서 마지막까지 음미한다. 그리고 포도주는 개봉한 후 48시간 이내에 마셔야 한다는 주의도 잊지 않았다.

평소에 맛없는 스위스산 포도주만 먹어온 사람들은 진지하게 설명을 듣고 포도주 한두 병씩 사갔다. 세계에서 가장 잘산다는 스위스 관광객들이 사가는 포도주를 보니 대개 값이 싼 포도주이다.

다음날 나는 생테밀리옹 중심가에서 차로 약 20분 거리에 있는 클로 드 메뉴 사의 샤토, 즉 경작지를 구경 갔다.

내가 도착했을 때는 한창 포도를 따고 있었다. 이곳도 상세르와 마찬가지로 적포도는 사람 손으로 따고 있었다. 서른 명의 노동자들은 주로 북아프리카 알제리와 모로코에서 건너왔다는데, 어디서 구했는지 우리나라 육군 사병들이 입는 국방색 군복을 입고 있었다. 이곳의 수확기는 9월에서 10월 사이다.

노동자들은 하루 여덟 시간씩 일하고 있었다. 그들이 딴 포도는 클로 드 메뉴 사의 포도주 생산 공장으로 넘겨져 분쇄된 뒤 2천 리터짜리 대형 알루미늄 탱크에 저장된다. 그리고 약 15일간의 숙성 기간을 거쳐 하루에 두

백포도를 으깨는 대형 분쇄기

번씩 호스를 통해 대형 통에 쏟아지면서 공기에 노출된다. 그리고 다시 알루미늄 탱크에 저장되는데, 하루에 두 번씩 일주일간 이 일을 반복해야 포도주가 맛이 난다고 한다. 거기서 아직 숙성되지 않은 포도주를 맛보았는데 포도 주스처럼 싱거웠다.

떠나기 전에 필립 사장이 왔다. 처음에는 다분히 도도했던 그는 우리가 떠날 즈음에는 매우 공손해져 있었다. 한국에도 포도주가 대중화되고 있다는 것을 알고 있기 때문이다. 그는 몇 년 전부터 한국에 자신의 샤토에서 생산된 포도주를 수출하고 있다며 요즘도 두 달마다 한국에 간다고 했다. 지금까지 보르도 지방의 포도주는 주로 영국, 독일, 스위스, 덴마크, 아일랜드, 벨기에에 수출해 왔는데 최근에는 일본과 한국에도 수출하고 있다. 그는 일본 시장이 매우 크다는 말을 하면서 한국에도 상당한 기대를 하는 눈치였다.

그날 저녁 나는 호텔 근처 식당에서 양고기 스테이크를 먹으면서 포도주를 곁들였다. 포도주를 찾아 떠났던 상세르와 보르도 기행, 포도주는 맛있는 물이었다!

호데즈 가는 길

계속해서 차를 남으로 몰았다. 10월 초인데 날이 잔뜩 흐리고 가끔 비가 와 춥다.

지금 가는 곳은 스페인 국경의 피레네 산맥과 가까운 미디 피레네 지방, 몇 년 전 남프랑스와 스페인 지방을 여행하면서 다짐했던 앙투안 공베르 신부(1875~1950)의 고향을 찾게 된 것이다.

파리 외방 전교회를 둘러보며 앙투안 공베르 신부에 대해 이야기한 적이 있었다. 1900년경 경기도 안성 지역에 머스캣과 부라쿠라는 포도 묘목을 가져와 심었고, 안법고등학교를 설립한 앙투안 공베르 신부. 당시 앙투안 공베르 신부가 심은 포도는 훗날 거봉이라는 새로운 종으로 심어져 오늘날까지 인기 있는 과일로 사람들의 사랑을 받고 있다.

호데즈 재래시장에서 파는 머스캣 포도 묘목

앙투안 공베르 신부의 고향 캄블라제로 향한다. 캄블라제는 남프랑스 미디 피레네 지방의 아주 작은 시골 마을로, 미디 피레네 지방의 중심 도시인 호데즈에서 30분 거리에 있다.

피레네 지방이 가까워지면서 산이 점차 높아진다. 산악자전거를 즐기는 사람들이 힘겹게 고개를 넘고 있다. 이따금씩 캠핑카가 지나간다.

호데즈에 도착했다. 이곳은 약 2만 3천 명이 살고 있는 작은 도시이다. 도시 중심에는 800년 된 고풍스런 호데즈 성당이 있고, 그 성당 앞은 큰 광장이다. 광장의 바닥은 포석으로 깔려 있고, 그 광장을 둘러싸고 레스토랑, 카페, 약국, 기념품점, 양장점, 슈퍼마켓이 있다. 성당 뒤편으로는 재래시장이 있다.

그 재래시장에는 쇠고기, 돼지고기, 양상추, 아스파라거스, 오렌지 등 각종 야채와 포도주를 팔고 있다. 새끼 당나귀에 비누를 싣고 와 파는 사람도 있다. 그 중 머스캣 포도 묘목이 내 눈길을 끌었다.

프랑스 사람들은 대부분 포도를 알째 먹지 않는다. 그런데 유독 이 지방에서는 식용 머스캣 포도를 팔고 있다. 그 포도는 바로 100년 전에 안성에 전래되었던 것이다. 이곳에 온 보람이 있다. 나는 시장을 한 바퀴 돌아 광장 근처의 카페로 갔다.

카페에서 '종 마리'라는 프랑스 신부를 만났다. 50대의 이 신부는 바로 앙투안 공베르 신부가 태어난 마을을 관리하고 있는 분으로, 나의 초행길 안내를 위해 시내까지 나와주셨다. 종 마리 신부와 함께 앙투안 공베르 신부가 태어난 마을로 갔다.

Tip
투르네도 앙트레코트 Tournedos d' Entrecote

호데즈 성당 앞의 레스토랑에서 먹은 음식으로, 소등심 스테이크를 돼지고기 비계로 감쌌다. 음식명은 투르네도 앙트레코트. 아주 맛있다.

캄블라제 마을

호데즈 시내를 빠져나가니 한적한 시골길이 나온다. 그 길을 30분쯤 달리면 번화한 상점 거리가 나온다. 그 상점 거리를 지나쳐 좁은 시골길로 들어갔다. 차 두 대가 간신히 지나다닐 수 있는 폭이다. 농로 양 옆에는 목초지가 끝없이 펼쳐져 있다. 앞쪽으로 보이는 지평선 사이로 꽃바구니를 덮어놓은 것 같은 야트막한 구릉이 보인다. 그 위에 걸려 있는 구름과 푸른 하늘, 너무나 평화롭다. 문득 '아, 살기 좋은 나라다'라는 생각이 든다.

20분쯤 달리고 나니 이윽고 집이 60호쯤 있는 작은 마을이 나타났다. 회관을 둘러싸고 돌담으로 지어진 2층짜리 전원주택이 올망졸망 늘어서 있다. 마을회관 앞 자그마한 광장에 차를 댔다. 그 앞길로 소떼가 쇠방울 소리를 내며 내 앞을 지나가고, 그 뒤로 개 한 마리가 어슬렁어슬렁 소들을 따라간다.

회관 옆에 작은 성당이 있다. 지어진 지 100년은 족히 넘었을 만큼 고풍스럽다.

종 마리 신부와 성당 안으로 들어서는 순간 우리는 모두 입을 다물지 못했다. 옹기종기 사람들이 모여 있었다. 우리가 온다는 소식을 듣고 동네 사람들 50여 명이 성당으로 모인 것이다. 100여 년 전에 마을을 떠나 한국으로 간 앙투안 공베르 신부의 행적을 조사하러 왔다니까 감격스러운 마음에 우리를 환영하러 모였다고 한다. 그 중에는 앙투안 공베르 신부의 남동생의 손자인 알랑 공베르와 증손자도 있었다. 마을이 생긴 이래 한국 사람이 찾아오기는 처음이라고 한다.

이 동네 주민이 불과 150명인데 모두 천주교 신자이다. 사실 프랑스는 전 국민이 천주교 신자라고 볼 수 있다. 일단 태어나면 99퍼센트가 천주교 영세를 받는다. 천주교가 종교라기보다 생활인 것이다. 우리의 방문을 기념하기 위한 미사를 성당에서 올리기로 한다.

우선 앙투안 공베르 신부를 위해 미사를 올렸다. 앙투안 공베르 신부는 1875년 이 마을에서 태어나 열아홉 살 때 호데즈 신학교로 가서 4년간 신학과 철학을 공부한 뒤 사제 서품을 받고 파리 외방 전교회 소속의 신부가 되었다. 그후 1900년에 한국으로 가 포교 활동을 하다가 한국전쟁 때 인민군에 의해 납북되었다. 그리고 중강진에서 추위와 굶주림으로 세상을 떠났다. 한평생을 한국에서 한국을 위해 살다가 비참한 최후를 맞은 그 분을 생각하며 동네 주민들과 우리는 미사를 올렸다.

미사가 끝나고 우리는 앙투안 공베르 신부 남동생의 손자 집에 초대받아 갔다.

앙투안 공베르 신부의 생가

성당에서 불과 100미터 거리에 하얀 담벽이 인상적인 2층 집이 있다. 창가에는 예쁜 팬지꽃 화분이 놓여 있다. 바로 이 집에서 1875년 앙투안 공베르 신부가 태어났다. 그의 아버지는 초등학교 선생이었던 조셉 공베르이고, 어머니는 평범한 가정주부였던 라콩브 마리아이다. 집 안으로 들어서니 왼쪽에는 커다란 농기구 창고가 있고, 오른쪽에는 2층으로 지어진 하얀 담의 본채가 있었다.

우리가 들어서자 이 집의 주인이자 앙투안 공베르 신부의 손자뻘 되는 알랑 공베르 씨와 손녀 마가리트 공베르, 자크린느 공베르 그리고 가까운 친척 십여 명이 모여 환영해 주었다.

앙투안 공베르 신부의 생가

그들은 포도주와 샴페인 그리고 빵을 구워놓고 우리를 기다리고 있었다. 우리는 거실과 부엌을 구경한 후 식탁에 앉았다.

식탁 찬장에 낯익은 물건이 하나 보인다. 안성의 유기, 즉 놋그릇이었다. 그것도 하나가 아니고 한 벌, 즉

앙투안 공베르 신부가 조카에게 결혼식 선물로 준 안성 방짜유기

5첩 반상용이다. 자세히 보니 진짜 안성의 방짜유기이다. 요즘 안성의 방짜유기는 옛날처럼 두들겨서 만들지 않고 틀에서 부어서 만드는데 이건 망치로 두들겨서 만든 것이다. 그러니까 진짜 옛날 방짜유기인 것이다.

집주인 알랑 공베르 씨의 말에 따르면 1925년 자기 아버지 결혼식 때 참석한 앙투안 공베르 신부가 결혼 선물로 한국에서 가져온 것이라고 한다. 안성의 천주교 신자들이 앙투안 공베르 신부가 사제 서품을 받은 지 25주년 되는 해를 기념해서 선물한 것인데, 그 유기를 조카 결혼식 선물로 지참한 것이다. 100년 가까이 되어 가는데 얼마나 관리를 잘 했는지 방짜유기는 윤이 반짝반짝 난다.

그가 당시의 결혼식 사진을 보여준다. 사진 속에는 턱수염이 휘날리는 앙투안 공베르 신부가 보인다.

알랑 공베르 씨에게 앙투안 공베르 신부의 집안 이야기를 들었다.

앙투안 공베르 신부의 형제자매는 열일곱 명이다. 그러나 여덟 명은 죽고 아홉 명만 살았는데, 아들 넷에 딸이 다섯이었다고 한다.

큰아들 에밀 공베르(1866~1948)는 신부가 되어 인도에서 선교 활동을 했고, 둘째 아들 앙투안 공베르와 셋째 아들 줄리엥 공베르(1877~1950) 역시 신부가 되었다. 막내 셀레스틴만 결혼해서 평범한 농부로 살았고, 여자 형제들 중 세 사람은 평생 동정녀로 살았다고 한다.

당시 이 마을에서는 한 집안에 한 명 정도 신부가 나오는 일은 아주 흔했다고 한다. 그러나 이 집안에서는 신부가 세 사람씩 배출됐으니 좀 특수한 경우이다. 한마디로 형제자매들이 신앙심이 대단히 깊었다는 얘기이다.

신부와 동정녀가 많이 배출된 이유는 어머니 라콩브 마리아의 신앙심이 남달랐기 때문으로, 그녀는 자식들이 미사에 빠지면 밥을 주지 않았다고 한다. 또 동네에 궂은 일이 생기면 만사를 제쳐놓고 달려가 도와주는 성격이었다. 이런 어머니 영향으로 형제 네 사람 중 세 사람이 성직자의 길을 걸었다.

한국으로 건너간 사람은 앙투안 공베르 신부만이 아니었다. 동생 줄리엥 공베르도 한국으로 건너가 사목 활동을 했다고 한다.

줄리엥 공베르는 충남 아산에 있는 공세리 성당의 초대 신부를 지냈다. 그리고 50년간 한국에서 포교 활동을 하다가 한국전쟁 때 형과 함께 납북되어 중강진에서 사망했는데, 형 앙투안 공베르가 죽던 날(1950년 11월 12일) 그는 형에게 "형님, 나도 내일 형님을 따라가지요"라고 말했다고 한다. 그 말대로 줄리엥 공베르 신부는 다음날 사망했다. 영하 40도가 넘는 추운 날이었다고 한다.

두 형제는 한국에서 50년간 살면서 많은 일을 했다. 안성에 처음으로 성당을 세웠고, 오늘날 안성의 명문인 안법학교를 설립했으며, 3·1운동 때는 일본 관헌에 쫓기는 120명의 독립 의용군을 자기의 침실 지하실에 숨겨주기도 했다. 그리고 우리나라에서는 최초로 포도나무를 심었다.

알랑 공베르 씨에게 앙투안 공베르 신부가 여기서 포도나무를 가지고 갔냐고 물었더니 옛날 일이라 알지 못한다고 한다. 다만 자기 집에 아주 오래된 포도나무가 있었는데 80년 전 그 포도나무를 잘랐다는 얘기를 들려주었다.

앙투안 공베르 신부가 안성에 심은 머스캣이라는 포도나무. 그는 어디서 포도 묘목을 구했을까? 정말 그가 1900년에 한국에서 최초로 포도나무를 심은 장본인일까?

저녁이 됐다. 어둠이 내린다. 내일 다시 오기로 하고 오늘은 이만 작별을 고했다. 마당에는 거위와 닭들이 한가롭게 놀고 있다. 마당 채소밭에는 아스파라거스와 상추, 토마토, 가지 등이 탐스럽게 열려 있고, 그 뒤로 느티나무가 가을바람에 쏴 하고 이파리를 날리고 있다.

밖으로 나오니 언덕 아래 펼쳐진 구릉지에 석양이 물들어 있다. 자아, 앙투안 공베르 신부의 고향집이여, 이젠 안녕히.

가정집에 초대를 받아

뜻밖에 이 동네 가정집의 초대를 받았다. 멀리 한국에서 온 우리에게 저녁식사를 대접하고 싶다는 사람이 있다길래 누군지 궁금했다. 미사에 참석했던 사람 중 한 사람이라고 한다.

저녁 8시. 우리를 초대한 뱅상이라는 사람의 집에 갔더니 뱅상 씨 내외가 현관에서 우리를 기다리고 있었다. 자그마한 2층 집인데, 1층이 도로보다 낮다. 계단을 몇 개 내려가는 '마당 깊은 집'이다. 현관문을 열고 들어가니 응접실과 부엌이 나란히 붙어 있다. 집 안 바닥은 모두 황토색의 타일로 되어 있고, 싱크대도 나무 색을 그대로 간직하고 있다. 집안 살림을 보면 그 집 주부의 살림 솜씨를 엿볼 수 있다는데 그야말로 먼지 한 톨 없이 깨끗하다.

오늘 우리를 초대한 뱅상의 부인인 도미니크를 보자 낮에 성당에서 본 기억이 난다. 텔레비전에 자주 나오는 이다도시 씨와 너무 닮아 기억하고 있었다.

식탁에 앉았다.

남편 벵상 씨가 우리를 초대한 이유를 말해 주었다. 자신의 친척 중 두 분도 신부가 되었다고 한다. 그들 역시 외국으로 선교를 떠났는데 한 분은 중국으로 갔고, 다른 한 분은 미국으로 갔다고 한다. 미국으로 간 분은 거기서 편안하게 선교 활동을 했지만 중국으로 간 분은 아주 비참하게 살다가 돌아가셨다고 한다. 우리가 중국과 가까운 한국에서 왔다는 이유로 왠지 저녁식사를 대접하고 싶었단다. 프랑스 사람들은 여간 가까운 사이가 아니고서는 자신의 집에 초대하지 않는데 우리를 초대한 것은 상당한 대접이다.

안주인인 도미니크 씨가 우리를 위해 준비해 두었던 음식을 내오기 시작했다. 처음 식탁에 오른 것은 닭고기 삶은 물에 좁쌀을 넣고 끓인 닭고기 수프다.

수프가 접시에 담기자 벵상 씨가 포도주를 한 잔씩 권했다. 식사 전에 식욕을 돋우는 아페리티프인 셈이다. 그런데 벵상 씨가 우리의 잔을 채워주고 자신의 잔은 직접 채운다. 이유를 물어보니 프랑스에서는 호스트 잔은 호스트가 직접 채운다고 한다.

포도주로 건배를 한 뒤 수프를 먹기 시작했다. 맛있었다. 우선 간이 맞고, 좁쌀이 알맞게 불어 닭고기 국물이 충분히 배었다. 그 다음 삶은 닭고기가 푸짐하게 나왔는데 우리나라 백숙과 거의 비슷하다. 이어서 쇠고기햄 두 종류와 강낭콩 껍질 삶은 것이 나왔다. 강낭콩 껍질에 빨간 피망으로 양념을 했는데 약간 매콤쌉싸름한 것이 우리 입맛에 딱 맞다. 우리나라에서는 강낭콩 껍질은 먹지 않는데 여기서는 먹는다고 한다. 나중에 집에 와서 요리책을 뒤져 그 요리의 이름을 찾아봤지만 요리책에도 없는 그 야말로 가정집 음식이었다.

햄을 먹고 나니 치즈와 빵이 나오고 앙트레로 쿠키가 나온다. 그야말로 전형적인 프랑스 시골 가정의 음식을 배부르게 먹었다.

뱅상 씨는 목축업에 종사하고 있다. 소를 길러 내다 파는 직업인데, 솜씨가 뛰어난지 자신이 기른 소를 가축경연대회에 내보내서 여러 번 입상을 했다고 한다. 베테랑 목축업자이다. 그 외에 옥수수 농사도 짓는다, 프랑스에서는 옥수수를 사료용으로만 사용하는데 사람이 먹기에는 너무 딱딱하기 때문이다. 그리고 닭이나 오리, 거위도 기르는데 이건 순전히 자신의 식탁에 올리기 위해 소규모로 한다고 한다.

초등학교 4학년인 딸 줄리에게 장래 희망을 물으니 "미용사"라고 말한다. 왜 하필 미용사냐고 물으니 아름다워 보이는 직업이라고 대답했다. 뱅상 씨 부부에게 정말 미용사를 시킬 거냐고 물었더니 아이가 원하는 일을 하게 할 뿐 아무런 간섭도 하지 않는다고 한다.

중학교 2학년인 뱅상 씨 아들에게도 장래 희망을 물으니 자신은 개를 좋아해 개와 친하게 지내는 직업을 갖고 싶다고 한다. 수의사인 줄 알았

뱅상 씨 집에서 대접받은 치즈와 강낭콩 껍질 요리

는데 수의사는 공부가 어려워 싫고 동물과 가깝게 지내는 직업이면 좋겠다고 말했다. 역시 아들도 자신의 희망대로 살기를 바란다고 대답한다. 우리의 교육방식과는 조금 차이가 난다.

벵상 씨 가족들과 함께

아이들은 세 시간 가까이 어른들의 대화를 들으면서 자리를 뜨지 않았다. 아이들이 지루할 테니 자기 방에 가서 텔레비전이라도 보게 하라고 했더니 손님이 가실 때까지 식탁을 떠나지 않는 것이 이 나라의 예절이라고 한다. 아이들은 어른들의 지루한 대화에도 몸 한 번 꼬지 않고 잘 참았다.

벵상 씨는 아이들이 말을 듣지 않으면 커서도 매를 드는 것이 자신의 집안은 물론 프랑스의 가정교육이라고 한다. 그리고 집안의 대소사는 부부가 상의해서 결정하는데 60퍼센트 정도는 남편이 그 결정권을 갖는다고 한다. 프랑스는 가정교육이 아주 잘 되어 있다.

벵상 씨는 육아 문제가 프랑스 사회의 가장 큰 문제라고 한다. 그는 사랑을 나누면서 가족이 함께 사는 것이 가장 중요하다고 얘기하고 있었다. 그야말로 가정적이고 보수적인 아버지이다. 이들의 말 속에는 오랫동안 지속되어 온 평화가 느껴진다.

프랑스는 프랑스 시민혁명(1789~1794) 이후 큰 사회 변동 없이 성장해 왔다. 2차 세계대전 당시 독일군에게 상당한 피해를 입었지만 그것이 프랑스 사회에 근본적인 변화를 준 것은 아니었다. 오랫동안 지속되어 온 사회, 어떤 일을 하더라도 그 가치를 인정받고 그만한 대우를 받을 수 있는 사회, 이것이 프랑스의 저력이 아닌가 싶다.

뱅상 씨 집에서의 저녁식사는 그런 면에서 아주 유익했다.

영화 「남과 여」의 무대, 도빌

　　　　　　　　이번에는 파리의 서북쪽 대서양 연안으로 이동했다. 이 지역에서는 도빌, 캉, 쉘부르, 몽 생 미셸, 생 말로 등이 여행지로 유명하다.

　생 라자르 역으로 갔다. 기차를 타야 대서양 연안으로 갈 수 있다. 영화 「남과 여」의 무대인 도빌까지 기차로 두 시간 정도 걸린다. 도빌은 대서양에 접해 있는 유명한 해변 도시로, 한여름이면 파리에서 몰려온 바캉스 인파로 발 디딜 틈이 없다. 그러나 가을의 도빌은 주말을 제외하고는 썰렁하다. 주말이 되면 카지노를 하기 위해 파리에서 도박꾼들이 몰려오기 때문이다.

　고풍스러운 역사를 빠져나오니 바로 시내다. 야트막한 건물들이 늘어서 있고, 도로는 시원스레 뻗어 있다. 바닷바람이 불어온다. 슬슬 걸어서 해변 쪽으로 갔다. 관광철이 아니어서인지 사람들이 거의 없다. 흰 파도가 부서지는 바닷가에는 달마시안이 달리고 있고, 바닷바람이 우수수 해변을 휩쓸고 있다. 바람이 몹시 강해 점퍼를 입었는데도 춥다.

을씨년스러운 해변가를 한참 걸었다. 판자로 만든 길이 바다 깊은 곳까지 깔려 있다. 그 끝에 등대가 있다. 등대 끝에 서서 보니 멀리 보이는 집집마다 불이 켜지고 있었다.

발길을 돌려 도빌 시내로 들어갔다. 캉Caen에서 가리비 조개를 가득 싣고 온 배가 어시장에 물건을 뿌리고 있다.

해변가에는 마치 고성처럼 보이는 5층짜리 호텔이 있다. 그 호텔 1층에는 '루이지앵'이라는 유명한 카지노가 있는데 파리에서 몰려온 도박꾼들은 이곳에서 하루에 수천만 원씩 쓰고 간다. 하지만 평일에는 주로 슬롯머신을 즐기는 노인들이 잔돈을 갖고 루이지앵을 찾는다. 내가 본 70세의 할머니도 시장바구니를 들고 찬거리를 사러 나왔다가 이곳 가게에 들른 것 같다. 기계를 이리저리 옮겨다니며 카지노에 열중하고 있었다. 그 할머니는 처음에는 돈을 따는 듯 하다가 얼마 지나지 않아 빈털터리로 카지노 문을 나섰다.

할머니의 장바구니를 보니 텅 비었다. 오늘 저녁 찬거리 살 돈을 몽땅 잃은 것 같다.

"할머니, 돈을 다 잃으셨어요?"라고 물었다.

할머니는 그저 빈 장바구니를 보여주더니 연이어 하늘을 보면서 한숨을 짓는다. 불쌍해 보였지만 한편으로 웃겼다. 나도 그만 가야 할 시간, 카지노에서 나와 시내를 어슬렁거렸다.

밥을 먹고 싶다는 생각을 했는데 마침 중국집이 눈에 띈다. 샤스핀 수프와 볶음밥을 시킨 후 배불리 먹고 다시 거리로 나왔다. 거리에는 가로등이 켜지고 행인마저도 뜸하다.

　근처의 호텔로 갔다. 별 하나짜리인데도 벽지가 세련되고 화장실이 두 개이다. 하나는 그냥 변기이고, 다른 하나는 비데가 장착되어 있다.

　팬티 바람으로 창문에 서서 바다를 바라본다. 등대에 불이 켜지고 대서양의 바다에서는 흰 파도가 이빨을 드러내고 울부짖는다. 바람이 창문을 몹시 때린다.

　나는 왜 이리 떠돌아다닐까? 왜 이 바다에 왔을까? 그건 나도 알 수 없다. 낙타가 목표를 정하지 않고 그저 뚜벅뚜벅 사막을 걷는 것처럼 나도 목표를 정하지 않고 인생의 종착지를 향해 걸을 뿐이다.

　걸으면서, 기차를 타면서, 바닷가를 거닐면서 산다는 것은 무엇이며, 나는 왜 이 지구에 와 있는가를 생각한다. 그러나 아직 그 해답을 찾지 못했다. 그걸 알 수 있다면, 그걸 깨우칠 수 있다면 내 긴 여행이 끝날 수 있을까?

　바람이 점점 거세진다. 바다는 이제 칠흑과 같다. 하루가 고단하다.

　이 밤이여, 이젠 안녕.

　내일은 또 새로운 태양이 나를 맞으리라.

에필로그_ 도버 해협을 건너며

　　　　　　파리 북 역에서 기차를 타고 릴Lille로 가 그곳에서 다시 칼레Calais로 가는 열차로 갈아탔다. 칼레에서 도버 해협을 건너가는 배를 타기 위해서이다.

　파리에서 런던으로 가려면 두 가지 방법이 있다. 하나는 배를 타고 도버 해협을 건너는 방법이고, 또 하나는 파리 북 역에서 유로스타를 타고 해저 터널로 가면 된다.

　나는 도버 해협을 건너는 경로를 택했다. 우선 파리에서 기차를 타고 칼레로 간다. 역에서 항구까지 버스나 택시를 타고 간 다음 다시 5천 톤급의 여객선을 타고 도버 해협을 건너는 것이 여행의 운치라고 생각하기 때문이다. 바로 그 여객선, 영국의 도버 프라이오리티 항구로 가는 5천 톤급 대형 여객선이 있는 칼레 항구에 왔다.

　2~3천 명이 되는 승객이 배에 오른다. 나도 그들을 따라 오른다. 한여름 찌는 듯한 날씨이다. 그러나 배 안의 승객석에 앉아 있고 싶은 마음은

없다. 일단 뱃머리 쪽으로 나간다. 배 뒤쪽에는 이미 수십 명의 승객들이 자리를 차지하고 앉아 있다.

바다는 눈을 제대로 뜰 수 없을 만큼 눈부시다. 배는 바닷물을 가르며 빠르게 전진하고 있다. 파도가 뱃전에 부서지면서 포말을 날린다. 프랑스의 칼레 항이 점점 멀어진다.

누구나 한 번은 가보고 싶어하는 곳 프랑스. 나 역시 한 번만 가보고 싶다는 열망으로 첫걸음을 옮겼다. 그 후 네 번에 걸친 프랑스 전국 일주. 그동안 뛴 거리도 2만 킬로미터는 넘으리라.

이제 프랑스 장정 2만 킬로미터는 여기서 맺고, 나는 태양이 진 나라 영국으로 간다. 그간 함께 프랑스 곳곳을 동행해 준 이들에게 깊은 감사를 드린다.

안녕, 프랑스! 좋은 여행이 되기를……